KB212026

숫
타
니
파
타

숫타니파타

불멸의 언어

석지현 옮김

Sutta-nipāta

민족사

첫 번째 _ 처음의 장

1. 뱀이 묵은 허물을 벗어 버리듯 ··· 013

2. 소치는 사람 ··· 016

3. 저 광야를 가고 있는 코뿔소의 외뿔처럼 ··· 022

4. 밭가는 사람 ··· 036

5. 금속세공인 춘다 ··· 038

6. 파멸 ··· 040

7. 비천한 사람 ··· 043

8. 자비에 대하여 ··· 045

9. 눈 덮인 산에 사는 야차 ··· 048

10. 알라바까 이야기 ··· 051

11. 승리 ··· 054

12. 성자 ··· 058

두 번째_ 작은 장

1. 보배 ··· 061

2. 불결한 음식 ··· 063

3. 진실한 우정에 대하여 ··· 066

4. 더없는 행복 ··· 067

5. 수킬로마 야차 ··· 069

6. 진리에 맞는 삶 ··· 071

7. 진정한 수행자 ··· 074

8. 나룻배 ··· 075

9. 최상의 목적 ··· 077

10. 부지런히 노력하라 ··· 079

11. 라훌라여, 듣거라 ··· 081

12. 수행자 반기사 ··· 084

13. 구도자의 길 ··· 086

14. 제자 담미까의 물음 ··· 092

세 번째_ 큰 장

1. 집을 버리다(出家) ⋯ 098

2. 최선을 다하라 ⋯ 106

3. 말을 잘하는 비결 ⋯ 114

4. 불을 섬기는 사람 순다리까 ⋯ 115

5. 젊은 마가의 물음 ⋯ 116

6. 방랑하는 구도자 사비야 ⋯ 117

7. 브라만 셀라 이야기 ⋯ 121

8. 화살 ⋯ 122

9. 젊은이 바세타 ⋯ 127

10. 비난하는 사람 꼬깔리야 ⋯ 134

11. 홀로 가는 수행자 날라까 ⋯ 134

12. 두 가지 고찰 ⋯ 140

네 번째_ 시(詩)의 장

1. 욕망 ··· 144

2. 동굴 ··· 145

3. 악의 ··· 148

4. 청정 ··· 149

5. 최상 ··· 151

6. 늙음 ··· 153

7. 구도자 티사메티야 ··· 156

8. 파수라 ··· 157

9. 마간디야 ··· 158

10. 죽음이 오기 전에 ··· 163

11. 투쟁 ··· 165

12. 문답, 그 첫째 ··· 166

13. 문답, 그 둘째 ··· 172

14. 빠름 ··· 181

15. 무기에 대하여 ··· 187

16. 사리불 ··· 194

다섯 번째_ 피안(彼岸)의 장

1. 서시   … 201

2. 아지타의 물음   … 202

3. 티사메티야의 물음   … 203

4. 푼나까의 물음   … 204

5. 메타구의 물음   … 205

6. 도따까의 물음   … 206

7. 우파시바의 물음   … 207

8. 난다의 물음   … 208

9. 헤마까의 물음   … 209

10. 토데야의 물음 ··· 210

11. 깝빠의 물음 ··· 211

12. 가투깐니의 물음 ··· 213

13. 바드라부다의 물음 ··· 214

14. 우다야의 물음 ··· 215

15. 포살라의 물음 ··· 216

16. 모가라쟈의 물음 ··· 217

17. 핑기야의 물음 ··· 218

18. 물음에 대한 총정리 ··· 219

• 숫타니파타 해설 ··· 221

일러두기

—

《숫타니파타》는 1,149편의 시로 되어 있는 긴 경전이다. 그런데 이 1,149편의 시는 그 내용이 거의 비슷비슷하게 반복되고 있어 지루하다는 느낌을 갖게 된다. 그래서 이 책에서는 반복되는 시구들을 조금 간추렸다. 그러나 그 내용 파악에는 아무 지장이 없으니 안심해도 된다.

이 모든 곳에
영원히 살아 계시는 이,
깨달으신 그분께 경배하나이다.

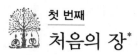

첫 번째

처음의 장[*]

1 _ 뱀이 묵은 허물을 벗어 버리듯

1. 뱀의 독이 퍼지는 것을 다스리듯

   분노가 일어나는 것을 제압하는 사람은

---

* 처음의 장 : 원어는 '우라가바가(uragavagga)'로서 직역하면 '뱀의 장'이
된다. "뱀이 묵은 허물을 벗어 버리듯", 구도자는 정신과 물질, 그리고 관
념이나 인습, 권위 등 그 어느 것에도 붙잡혀서는 안 된다는 것을 이 장
에서 말하고 있다. 그러나 '뱀의 장'이라 하면 너무 직설적이다. 그리고
뱀 자체가 우리 인간에게 있어서 그리 좋은 느낌을 주는 존재라고 볼
수 없다. 그래서 이런 점을 감안하여 '처음의 장'이라 고친 것이다. 인도
의 경우 코브라는 어디를 가도 흔히 볼 수 있다. 코브라 한 마리가 가지
고 있는 독(毒)은 2,000명의 사람을 죽이기에 충분하다고 한다. 그런데
무슨 이유에서인지는 모르지만 인도 사람들은 예로부터 코브라를 영적
(靈的)인 존재로 보는 경향이 있었다. 그래서 쿤달리니(영적인 기운)를

이 언덕과 저 언덕*을 모두 떠난다.
뱀이 묵은 허물을 벗어 버리듯.

2.   굽이쳐 흐르는 이 욕망의 물살을
      남김없이 모두 말려 버린 사람은
      이 언덕과 저 언덕을 모두 떠난다.
      뱀이 묵은 허물을 벗어 버리듯.

흔히 코브라에 비유하고 있는 것이다. 또한 힌두교의 신상(神像)이나 불
상의 등 뒤에도 다섯 개 또는 일곱 개의 머리를 가진 코브라(五頭蛇, 七
頭蛇)가 조각되어 있는 것을 볼 수 있다. 그래서 뱀의 비유는 그들(인도
인들)에게 있어서는 대단히 영적인 분위기를 느끼게 했는가 보다. 때문
에 지금 여기에서도 "뱀이 묵은 허물을 벗어 버리듯"이라는 시구가 등장
하고 있는 것이다. 그러나 우리로서는 그들이 느끼는 그런 느낌을 전혀
느낄 수 없다. 이 점이 바로 생활환경과 문화의 차이점인 것이다.
그러므로 불경을 우리말로 옮겨 올 때는 이런 점을 충분히 고려하지 않
으면 안 된다. 이런 점을 전혀 고려하지 않은 채 그저 문자에서 문자로만
옮겨 오게 되면 그것은 죽은 번역에 지나지 않는다. 물론 이런 직역(直
譯)이 원전의 '순수 보존'이라는 의미는 있다. 그러나 그런 죽어 있는 번
역 경전을 누가 보겠는가. 누가 보고 감동하겠는가.

*   이 언덕과 저 언덕 : 여러 가지 해석이 있지만 그러나 '이 언덕(此岸)'은
    물질적인 차원, '저 언덕(彼岸)'은 정신적인 차원을 뜻한다. 진정한 구도
    자는 물질일변도나 정신일변도에만 치우쳐서는 결코 안 된다. 물질과 정
    신의 가장 적절한 조화, 이것이 구도자가 가는 길이다.

3.   저 홍수가 부실한 다리를 무너뜨리듯
     이 모든 교만을 부숴 버린 사람은
     이 언덕과 저 언덕을 모두 떠난다.
     뱀이 묵은 허물을 벗어 버리듯.

4.   안으로는 미워하는 마음이 없고
     부귀영화에 흔들리지 않는 사람은
     이 언덕과 저 언덕을 모두 떠난다.
     뱀이 묵은 허물을 벗어 버리듯.

5.   너무 빨리 가거나 게으름 피우는 일 없이
     이 모든 잡념의 숲을 지나가 버린 사람은
     이 언덕과 저 언덕을 모두 떠난다.
     뱀이 묵은 허물을 벗어 버리듯.

2 _ 소치는 사람

6.   소치는 사람 다니야가 말했다:
    밥도 이미 다 지었고 우유도 짜 놓았다.
    마히 강(큰 강) 언덕 부근에서
    나는 내 가족과 함께 살고 있다.
    지붕도 이었고, 불도 이미 지펴 놓았다.
    하늘이여, 비를 내리고 싶거든 내려라.

7.   스승(부처)이 답했다:
    나는 분노와 고집으로부터 해방되었다.
    마히 강 언덕 부근에서
    나는 하룻밤 길손이 되었다.
    나의 조그만 집(몸)은 잇지 않았고,
    욕정의 불은 이미 꺼졌다.
    하늘이여, 비를 내리고 싶거든 내려라.

8. 소치는 사람 다니야가 말했다 :
    모기도 없고, 파리도 전혀 없으며,
    풀이 무성한 들녘에서는
    소들만 한가로이 노닐고 있다.
    비가 내려도 그들은 능히 참고 견딜 수 있으니
    하늘이여, 비를 내리고 싶거든 내려라.

9. 스승이 답했다 :
    내 뗏목은 잘 만들어졌다.
    욕망의 급류를 지나 나는 이미
    저 니르바나(열반)의 언덕에 이르렀다.
    그러므로 뗏목은 더 이상 필요치 않으니
    하늘이여, 비를 내리고 싶거든 내려라.

10. 소치는 사람 다니야가 말했다 :
    내 아내는 겸손하며 허영심이 없다.
    오랫동안 같이 살아왔지만
    한 번도 내 뜻을 거스르지 않았다.

아내에게는 어떤 나쁜 소문도 들리지 않으니
하늘이여, 비를 내리고 싶거든 내려라.

11.   스승이 답했다:
내 마음은 겸손하며 탐욕(貪)이 없다.
오랫동안 갈고 닦았으므로 아주 잘 정돈되었다.
나에게는 이제 어떤 악도 존재하지 않는다.
하늘이여, 비를 내리고 싶거든 내려라.

12.   소치는 사람 다니야가 말했다:
나는 나 자신의 노력으로 살아가고 있다.
자식들은 모두 나와 함께 건강하게 자라고 있다.
그들에 관한 어떤 나쁜 소문도 들리지 않으니
하늘이여, 비를 내리고 싶거든 내려라.

13.   스승이 답했다:
나는 결코 하인을 고용하지 않는다.
나는 나 자신이 얻은 것만으로

넉넉히 이 세상을 방랑한다.
나는 또 어느 누구에게도 고용될 필요가 없으니
하늘이여, 비를 내리고 싶거든 내려라.

14.   소치는 사람 다니야가 말했다:
나에게는 갓 태어난 송아지도 있고,
젖을 짤 수 있는 암소도 있다.
새끼 밴 암소도 있고,
발정기에 접어든 암소도 있다.
그리고 이 모든 소들의 대장인 황소도 있으니
하늘이여, 비를 내리고 싶거든 내려라.

15.   스승이 답했다:
나에게는 송아지도 없고,
젖을 짤 수 있는 암소도 없다.
새끼 밴 암소도 없고,
발정기에 접어든 암소도 없다.
그리고 이 모든 소들의 대장인 황소도 없으니

하늘이여, 비를 내리고 싶거든 내려라.

16. 소치는 사람 다니야가 말했다:
    말뚝은 깊게 박혀 흔들리지 않는다.
    고삐는 튼튼해서 소가 능히 이를 끊지 못하니
    하늘이여, 비를 내리고 싶거든 내려라.

17. 스승이 답했다:
    성난 황소와 같이 나는 고삐를 끊는다.
    냄새나는 덩굴풀을 코끼리처럼 짓밟으며
    나는 두 번 다시
    인간의 모태 속으로 들어가지 않을 것이다.
    하늘이여, 비를 내리고 싶거든 내려라.

18. 그때 갑자기 큰비가 내려
    땅과 바다는 모두 물에 잠겼다.
    하늘이 비를 내리는 것을 보고 다니야가 말했다.

19. 다니야:
    우리는 당신에게서 참으로 많은 것을 배웠습니다.
    지혜의 눈을 가지신 이여,
    우리는 당신에게 귀의합니다.

20. 이때 마라(악마)는 이렇게 말했다:
    자녀가 있는 사람은 자녀에 대해서 기뻐하고
    소를 가진 사람은 소가 있는 것을 기뻐한다.
    이런 물질적인 집착이야말로
    인간의 기쁨이 아닐 수 없다.
    그러나 이런 것이 없는 사람에게는
    기쁨도 있을 수 없다.

21. 스승이 답했다:
    자녀를 가진 사람은 자녀 때문에 걱정하고,
    소를 가진 사람은 소 때문에 걱정한다.
    인간의 근심 걱정은
    이런 집착하는 마음에서 비롯되나니

집착심이 없는 사람에게는
근심도 걱정도 있을 수 없다.

3 _ 저 광야를 가고 있는 코뿔소의 외뿔처럼

22.   살아 있는 것들에게 폭력을 쓰지 말라.
      살아 있는 것들을 괴롭히지 말라.
      너무 많은 자녀와 친구를 갖고자 하지도 말고,
      저 광야를 가고 있는 코뿔소의 외뿔처럼
      혼자 가라.

23.   사귐이 깊어지면 애정이 싹트고
      사랑이 있으면 거기 고통의 그림자가 따르나니
      사랑으로부터 불행이 시작되는 것을 깊이 관찰하고
      저 광야를 가고 있는 코뿔소의 외뿔처럼
      혼자 가라.

24. 친구나 주위 사람들을 너무 좋아하여
    마음이 그들에게 얽히게 되면
    자신이 목적한 바를 이룰 수 없다.
    친함에는 이런 부작용이 있다는 것을 관찰하고
    저 광야를 가고 있는 코뿔소의 외뿔처럼
    혼자 가라.

25. 자녀나 아내(남편)에 대하여 애착하는 것은
    큰 대나무 가지들이 서로 뒤얽혀 있는 것과 같다.
    그러나 죽순은 다른 가지에 달라붙지 않듯이
    저 광야를 가고 있는 코뿔소의 외뿔처럼
    혼자 가라.

26. 숲 속에서 자유로운 사슴이 먹이를 구하러 가듯
    지혜로운 이는 그 자신의 길만을 생각하면서
    저 광야를 가고 있는 코뿔소의 외뿔처럼
    혼자 가라.

27. 동료들 속에 있으면
     앉을 때나 설 때나 걸을 때나 여행할 때조차
     항상 지나치게 간섭을 받게 된다.
     그러나 욕망으로부터 벗어나
     그 자신의 뜻을 따라
     저 광야를 가고 있는 코뿔소의 외뿔처럼
     혼자 가라.

28. 동료들 속에 있으면 거기 유희와 환락이 있다.
     또 자녀에 대한 애정은 깊어만 간다.
     그러나 사랑하는 사람들과의 이별이 싫거든
     저 광야를 가고 있는 코뿔소의 외뿔처럼
     혼자 가라.

29. 어느 곳이든 가고 싶은 대로 가라.
     해치려는 마음은 갖지 말고
     무엇을 얻든 그것으로 만족하라.
     이 모든 고난을 묵묵히 참고 견디며

저 광야를 가고 있는 코뿔소의 외뿔처럼
혼자 가라.

30.   잎이 다 져 버린 저 나무와 같이
세속의 속박을 미련 없이 잘라 버리고
저 광야를 가고 있는 코뿔소의 외뿔처럼
혼자 가라.

31.   현명하고 올바른 벗들을 만난다면
이 모든 위험에서 벗어날 수 있을 것이다.
그러므로 편안하고 넉넉한 마음으로
그들과 무리지어 함께 가라.

32.   그러나 현명하고 올바른 벗들을 만나지 못하면
왕이 정복했던 나라를 버리고 돌아가듯
저 광야를 가고 있는 코뿔소의 외뿔처럼
혼자 가라.

33. 친구를 얻는 것은 기쁜 일이니
     나보다 나은 이나 나와 동등한 벗을
     가까이하라.
     그러나 이런 벗을 만나지 못했다면
     차라리 제 분수나 지키면서
     저 광야를 가고 있는 코뿔소의 외뿔처럼
     혼자 가라.

34. 잘 빚어낸 두 개의 황금팔찌를
     한 팔에 끼게 되면
     서로 부딪쳐 소리를 낸다.*
     서로 부딪치는 이 황금팔찌를 보고
     저 광야를 가고 있는 코뿔소의 외뿔처럼
     혼자 가라.

---

* 황금팔찌를 하나만 끼게 되면 소리가 나지 않지만 두 개 이상을 끼게 되
   면 자연히 서로 부딪치는 소리가 난다. 이처럼 아무리 좋은 사람이라도
   언제나 같이 있게 되면 자연히 거기 마찰이 생기게 된다.

35. 이같이 두 사람이 같이 있게 되면
     자연히 거기 말싸움과 다툼이 있게 된다.
     장래에는 이런 일이 있다는 것을 미리 생각하고
     저 광야를 가고 있는 코뿔소의 외뿔처럼
     혼자 가라.

36. 감각적인 기쁨이란 실로 다양하며
     감미롭고 매혹적이다.
     그러나 이 기쁨은 우리의 마음을
     어지럽게 하나니
     욕망의 대상에는
     이런 불행이 있음을 잘 관찰하고
     저 광야를 가고 있는 코뿔소의 외뿔처럼
     혼자 가라.

37. 이것은 나에게 있어서 재앙이며, 불행이며,
     병이며, 극심한 고통이며, 하나의 위험이다.
     이 모든 욕망의 대상에는

이런 위험이 있다는 것을 알고
저 광야를 가고 있는 코뿔소의 외뿔처럼
혼자 가라.

38. 추위와 더위, 굶주림과 목마름,
그리고 바람과 태양의 열기, 모기떼와 독사들,
이런 것들을 능히 참고 견디며
저 광야를 가고 있는 코뿔소의 외뿔처럼
혼자 가라.

39. 힘이 센 코끼리가
무리를 떠나 숲 속에서 한가로이 노닐듯
저 광야를 가고 있는 코뿔소의 외뿔처럼
혼자 가라.

40. 모임만을 너무 좋아하는 사람에게는
잠시도 영혼의 휴식에 이를 겨를이 없다.
태양의 후예(부처)가 하신 이 말씀을 명심하고

저 광야를 가고 있는
코뿔소의 외뿔처럼 혼자 가라.

41. '저 논쟁의 차원인 철학적 견해를 극복하고
나는 깨달음에 이를 수 있다는 확신을 얻었다.
나는 지혜를 얻었다.
다시는 누구에게도 끌려가지 않을 것이다.'
수행자는 이렇게 그 자신을 다지면서
저 광야를 가고 있는 코뿔소의 외뿔처럼
혼자 가라.

42. 의롭지 못한 것을 보고도 못 본 체하는
그런 나쁜 벗과는 아예 가까이 말라.
감각적인 쾌락에만 탐닉해 있는
그런 벗과도 가까이하지 말고
저 광야를 가고 있는 코뿔소의 외뿔처럼
혼자 가라.

43. 지성적이며 진리에 귀를 기울이는
    그런 고상한 벗을 가까이하라.
    이는 여러 가지로 이익이 되나니
    모든 의심을 잘라 버리고
    저 광야를 가고 있는 코뿔소의 외뿔처럼
    혼자 가라.

44. 이 세상 쾌락에만 취하여 안주해 있지 말고
    그 마음이 어디에도 붙잡히는 일 없이
    지나친 치장은 삼가고 진실만을 말하면서
    저 광야를 가고 있는 코뿔소의 외뿔처럼
    혼자 가라.

45. 아내(또는 남편)와 자식,
    그리고 부모도, 친척마저도, 재산마저도
    이 모든 것에 대한 집착마저도 모두 버리고
    저 광야를 가고 있는 코뿔소의 외뿔처럼
    혼자 가라.

46. '이것은 집착이다.
     여기는 즐거움은 적고 고뇌가 많다.
     이것은 고기를 낚는 낚싯밥이다.'
     지혜로운 이는 이렇게 알고
     저 광야를 가고 있는
     코뿔소의 외뿔처럼 혼자 가라.

47. 물속의 고기가 그물을 뚫고 나오듯
     불이 다 타 버린 재는 다시 불붙지 않듯
     이 모든 번뇌의 결박을 끊어 버리고
     저 광야를 가고 있는 코뿔소의 외뿔처럼
     혼자 가라.

48. 눈은 언제나 밑을 보며
     조금도 곁눈질하지 말고
     이 모든 감각의 문을 굳게 지켜야 한다.
     마음을 잘 보호하여
     번뇌의 흙탕물을 일게 하지 말 것이며

욕망의 불이 더 이상 타오르지 못하게
저 광야를 가고 있는 코뿔소의 외뿔처럼
혼자 가라.

49. 잎이 다 져 버린 저 나무처럼
세속의 표지를 모두 떼어 버리고
남루한 구도자의 옷을 입은 채
저 광야를 가고 있는
코뿔소의 외뿔처럼
혼자 가라.

50. 맛좋은 음식만을 탐하지 말고
굳이 좋아하는 것만을 골라 취하려 하지도 말라.
다른 사람을 부양할 의무조차도 필요 없으니
문전마다 밥을 빌며
집에 대한 애착을 끊어 버리고
저 광야를 가고 있는 코뿔소의 외뿔처럼
혼자 가라.

51. 쾌락과 고통을 버려라.
    기쁨도 근심도 버려라.
    그리고 맑고 편안하고 순수한 마음만으로
    저 광야를 가고 있는 코뿔소의 외뿔처럼
    혼자 가라.

52. 최고의 목적을 달성하기 위해 노력하라.
    조금도 겁내지 말고 부지런히 나아가라.
    체력과 지혜를 두루 갖추며
    저 광야를 가고 있는 코뿔소의 외뿔처럼
    혼자 가라.

53. 때때로 홀로 앉아 명상을 하며
    이 모든 것을 이치에 맞게 행하라.
    생존 속에는 근심이 있다는 것을 분명히 알고
    저 광야를 가고 있는 코뿔소의 외뿔처럼
    혼자 가라.

54. 니르바나, 저 언덕을 향하여
    게으름을 피우지 말고 민첩하게 나아가라.
    부지런히 배우며, 마음을 가다듬고
    진리를 깨닫고자 노력하면서
    저 광야를 가고 있는 코뿔소의 외뿔처럼
    혼자 가라.

55. 큰 소리에도 놀라지 않는 사자와 같이
    그물에 걸리지 않는 바람과 같이
    물에 젖지 않는 연꽃과 같이
    저 광야를 가고 있는 코뿔소의 외뿔처럼
    혼자 가라.

56. 이빨이 강한 사자가 뭇 짐승을 제압하고
    능히 정글의 왕으로 군림하듯
    궁핍하고 외딴 곳에 거처를 마련하고
    저 광야를 가고 있는 코뿔소의 외뿔처럼
    혼자 가라.

57. 사랑과 연민, 기쁨과 평정과 해탈*을
     때때로 익히고
     이 세상을 아주 등지는 일도 없이
     저 광야를 가고 있는 코뿔소의 외뿔처럼
     혼자 가라.

58. 탐욕과 증오와 어리석음,
     그리고 뒤얽힌 번뇌의 매듭을 끊어 버려라.
     목숨을 잃더라도 절대로 두려워하지 말고
     저 광야를 가고 있는 코뿔소의 외뿔처럼
     혼자 가라.

---

* 사랑(慈, metta) : 살아 있는 모든 것들이 안락을 얻기를 원하는 마음.
  연민(悲, karuṇa) : 살아 있는 모든 것들의 고뇌와 슬픔을 같이 가슴 아
  파하며, 그 고뇌와 불행으로부터 벗어나기를 원하는 마음.
  기쁨(喜, mudita) : 살아 있는 모든 것들이 이익되고 안락하게 살아감을
  기뻐하며, 그 이익과 안락으로부터 떠나지 않기를 원하는 마음.
  평정(捨, upekha) : 살아 있는 모든 것들이 제각각 자기의 분수대로 살
  아감으로써 고통과 환락, 불쾌함과 유쾌함에 마음이 흔들리지 않는 것.
  해탈(解脫, vimutti) : 자기 자신의 편협적인 감정과 사고로부터 자유롭
  게 되는 것.

59.   사람들은 자기의 이익을 위해
      남을 사귀며 남을 돕는다.
      또 이익관계를 떠나서 친구를 얻기란 참 어렵다.
      인간이란 원래 자기 이익만을 생각하며
      그렇게 순수하지도 않다는 것을 알고
      저 광야를 가고 있는 코뿔소의 외뿔처럼
      혼자 가라.

4 _ 밭가는 사람

60.   나에게는 신앙이 씨앗이요, 고행이 비다.
      그리고 지혜가 나의 멍에며 쟁기요,
      잘못을 반성하는 마음이 그 쟁기의 자루다.
      그리고 곧은 마음은 쟁기를 매는 밧줄이요,
      매사에 생각이 깊은 것은 쟁기의 보습이다.*

——

* "불교의 수행자(승려)들은 노동을 하지 않고 무위도식하고 있다." 이런
  비판이 인도에서는 후세까지 브라만 사제들 사이에서 일고 있었다. 그러

61. 몸을 삼가고, 말을 삼가고, 음식을 절제하는 것,
그리고 말없이 진실을 지켜가는 것,
이것이 나에게 있어서는
소를 멍에에서 떼어 놓는 일이다.

62. '노력하는 것'이 나의 '멍에를 맨 소'이며,
이 소가 마침내 니르바나의 저 언덕으로
나를 데리고 간다.
물러서지 않고 굳게 나아가서
니르바나, 저 언덕에 이르게 되면
아아, 근심과 걱정은 더 이상 없게 된다.

63. 나는 이런 농사를 지어서
마침내 저 불멸의 과일을 열매 맺게 하나니
나처럼 농사를 짓게 되면

므로 지금 이 문장에서는 사상적으로 아주 중대한 문제가 제기되고 있
다. 여기에 대하여 불교측에서는 다음과 같이 답변하고 있다. "자신을
갈고 닦는 수행생활이야말로 또 다른 의미에서의 노동이요, 삶의 적극
적인 태도가 아닐 수 없다."

그대도 이 모든 고뇌로부터 해방되리라.

5 _ 금속세공인 춘다*

64. 금속세공인 춘다가 말했다:

  스승이여, 욕망에서 해방된 사람, 최고의 인간,

  가장 위대한 인도자인 당신에게 묻습니다.

  이 세상에는 어떤 종류의 수행자들이 있습니까?

—

* 춘다(Cunda): 부처님 당시 부유했던 금속세공인. 그가 준 음식(일종의
   버섯 요리였다고도 하고 또는 돼지고기 요리였다고도 한다)을 먹은 것이
   원인이 되어 부처님은 그로부터 3개월 후 이 세상을 떠난다. 원래 춘다
   의 직업은 '까마라의 아들'이라고 기록되어 있다. 이를 보통 '대장장이'라
   해석한다. 그러나 인도에서는 금·은의 세공인이나 철이나 동을 다루는
   대장장이의 구별이 없었다. 그가 부처님의 일행에게 음식을 대접할 정도
   로 부유했던 것으로 보아 그는 대장장이가 아니라 비싼 귀금속을 다루
   는 금속세공인이었을 것이다. 그리고 당시 인도의 카스트사회(계급사회)
   에서는 대장장이나 금속세공인은 천한 직업에 속했으며, 사회적으로 그
   다지 대접을 받지 못했다. 그러나 부처님은 비천한 계급의 사내, 춘다의
   저녁초대를 기꺼이 받아들였던 것이다. 여기에서 우리는 주목할 만한 다
   음의 역사적 특징 두 가지를 볼 수 있다. 첫째, 당시 부유했으면서 사회
   적으로 대접을 받지 못했던 사람들은 새로운 정신적 지도자를 원했다.
   둘째, 부처님의 활동은 당시의 계급적 차별의 타파에 앞장서고 있었다.

65.	스승의 답 :

	춘다여, 이 세상에는 네 종류의 수행자가 있나니

	첫째, 진리의 승리자

	둘째, 진리를 말하는 자

	셋째, 진리대로 사는 자

	넷째, 진리를 더럽히는 자가 그것이다.

66.	의심을 넘어간 사람, 고통을 극복한 사람,

	그리고 니르바나의 즐거움 속에서

	이 모든 탐욕으로부터 벗어난 사람,

	인간과 신들(demigods)의 지도자

	이런 사람들을 진리의 승리자라 한다.

67.	진리를 진리로 알고

	자신 있게 진리를 말하는 사람,

	의심을 끊어 욕망의 물결이 일지 않는 사람,

	이런 사람을 진리를 말하는 자라 한다.

68. 진리 속에 살며 절제력이 있고
     생각이 깊은 사람,
     올바른 말을 믿고 따르는 사람,
     이런 사람을 진리대로 사는 자라 한다.

69. 계율을 잘 지키는 체하면서 뻔뻔스럽고 거만하며
     거짓말을 곧잘 하고 자제력이 없고 말이 많으며
     게다가 지혜로운 체하는 사람,
     이런 사람을 진리를 더럽히는 자라 한다.

6 _ 파멸

70. 번영하는 사람은 알아보기 쉽고,
     파멸하는 사람도 알아보기 쉽다.
     진리를 사랑하는 사람은 번영하고,
     진리를 싫어하는 사람은 멸망한다.

71. 악한 사람을 좋아하고, 착한 이를 싫어하는 것,
    그리고 악한 버릇을 즐겨하는 것,
    이것은 파멸의 문이다.

72. 모임이라면 어디든 안 끼는 데가 없고,
    늘 맥이 없고 게으르며
    걸핏하면 화만 내는 사람,
    이것은 파멸의 문이다.

73. 자기 자신은 풍족하고 즐겁게 살면서
    늙은 부모를 모시지 않으려는 사람이 있다.
    이것은 파멸의 문이다.

74. 재물이 엄청나게 많은 사람이
    자기 자신의 부귀영화만을 누리기 위해서
    그것들을 사용한다면
    이것은 분명 파멸의 문이다.

75. 가문과 재산을 자랑하면서
    자기 가족이나 친지들을 경멸하는 사람이 있다.
    이것은 파멸의 문이다.

76. 여자에 빠지고, 술에 빠지고, 놀음에 미쳐서
    겨우 모은 재산을 깡그리 날려 버리는 사람이 있다.
    이것은 파멸의 문이다.

77. 늙은 사내가 유방이 팽팽한 젊은 여자에게 미쳐
    그녀에 대한 생각 때문에 도시 잠을 자지 못하는 것,
    이것은 파멸의 문이다.

78. 술과 고기를 분별없이 먹으며,
    재산을 마구 낭비하는 여자,
    또는 이런 사내에게 재정권을 맡긴다면
    이것은 파멸의 문이다.

79. 쥐뿔도 없는 주제에 욕심만 커서
     일확천금을 노리며 두 눈에 쌍불을 켠다면
     이것은 파멸의 문이다.

80. 이 세상에는
     이런 파멸의 문이 있다는 것을 깊이 자각한
     저 현명하고 위대한 사람들은
     진리의 길에서 차라리 행복한 삶을 찾으려 한다.

7 _ 비천한 사람

81. 살아 있는 생명을 함부로 해치며
     살아 있는 생명체에 대하여
     연민의 마음이 없는 사람,
     이런 사람을 일컬어 비천한 사람이라 한다.

82. 도시나 마을을 포위하거나 공격하여
     선량한 국민들을 괴롭히는 살인마,
     광폭한 권력자로 알려진 사람,*
     이런 사람을 일컬어 비천한 사람이라 한다.

83. 법정에서 증인을 설 때
     자신을 위해서나 남을 위해서
     또는 돈 때문에 거짓 증언을 하는 사람,
     이런 사람을 일컬어 비천한 사람이라 한다.

84. 부모, 형제, 자매
     또는 시부모를 때리거나 욕하는 사람,
     이런 사람을 일컬어 비천한 사람이라 한다.

───

* 통치자나 군인은 일반 국민에게는 침략자다. 불교는 전통적으로 통치자
  나 군인을 싫어했다. 그 태도가 여기 이 시구에 잘 나타나 있다.

85. 남의 집에 가서 아주 융숭한 대접을 받고도
     돌아올 때는 인사를 제대로 하지 않는 사람,
     이런 사람을 일컬어 비천한 사람이라 한다.

86. 인간은 결코 그의 신분에 의해서
     비천해지거나 고귀해지지는 않는다.
     인간을 비천하고 고귀하게 만드는 것은
     신분이 아니라 그 자신의 행위다.

8 _ 자비에 대하여

87. 니르바나에 이른 사람이
     이 편안한 경지에서 해야 할 일은 다음과 같다.
     공명하고 성실하며 말은 부드럽고 점잖아야 하며,
     잘난 체 뽐내지 않는 것이다.

88. 만족할 줄 알며, 변변치 않은 음식으로 생활하라.
    잡일을 줄이고 생활을 되도록이면 간소하게 하라.
    모든 감관을 편안하게 하고
    남의 집에 가서도 욕심을 내지 말아야 한다.

89. 현명한 사람들로부터 비난을 살 만한
    그런 비열한 짓을 해서는 결코 안 된다.
    살아 있는 것들이여, 부디 행복하고 편안하라.

90. 어떠한 생명체라도
    약한 것이건, 강한 것이건,
    큰 것이건, 중간 것이건,
    제아무리 미미하고 보잘것없는 것일지라도.

91. 눈에 보이는 것이나, 보이지 않는 것이나,
    멀리 있는 것이나, 가까이 있는 것이나,
    이미 태어난 것이나,
    앞으로 태어나려 하는 것이나,

살아 있는 모든 것들이여, 부디 행복하라.

92. 남을 속여서는 안 된다.
또 남을 멸시해서도 안 된다.
남을 괴롭히거나 고통을 주어서는 더욱 안 된다.

93. 어머니가 외아들을 보호하듯
살아 있는 이 모든 생명체에게
한없는 연민의 마음을 일으켜야 한다.

94. 그 자비심이 골고루 스미게 하라.
위로, 아래로, 또는 옆으로,
장애도 없고, 적의도 없고, 척짓는 일도 없이
이 누리에 두루두루 스미게 하라.

95. 서 있을 때나, 걸을 때나, 앉을 때나, 누울 때나
잠자지 않는 동안에는
이 연민의 마음을 굳게 지녀라.

96.   사악한 견해에 사로잡히지 않고
       자신을 절제할 줄 아는 사람,
       사리를 잘 판단하며,
       욕망의 늪을 이미 나온 사람,
       이런 사람은 결코 두 번 다시
       이 윤회 속에 태어나지 않는다.

9 _ 눈 덮인 산에 사는 야차*

97.   야차 헤마바따 :
       이 세계는 왜 생겨났으며,
       이 세계에 대하여 사람들은
       왜 이토록 애착하고 있습니까?
       세상 사람들은 무엇에 집착하며
       무엇 때문에 그토록 괴로워하고 있습니까?

---

* 야차(夜叉, yakkha) : 사람의 마음을 어지럽게 하고 생명을 앗아가는 귀신의 한 가지.

98.   고타마 :

헤마바따여, 여섯 가지**가 있을 때

이 세계는 생겨나며,

이 여섯 가지에 대하여 사람들은 애착을 느낀다.

그리고 세계는 이 여섯 가지에 집착하고 있으며,

세계는 이 여섯 가지 때문에 괴로워하고 있다.

** 여섯 가지 : 우리의 본성에 파도를 일으키고 있는(본성을 어지럽히고 있
는) 여섯 가지 감각기관(六根)과 거기 대응하고 있는 여섯 가지 객관 현
상(六境).
첫째, 여섯 가지 감각기관(六根, sad-indriya) :
① 시각(眼根) → 볼 수 있는 능력.
② 청각(耳根) → 들을 수 있는 능력.
③ 후각(鼻根) → 냄새를 맡을 수 있는 능력.
④ 미각(舌根) → 맛을 아는 능력.
⑤ 촉각(身根) → 감촉을 느낄 수 있는 능력.
⑥ 의식작용(意根) → 생각을 할 수 있는 능력.
감각기관을 왜 근(根, indriya)이라 하는가. 근은 "…할 수 있는 능력"을
뜻하는 말로서, 나무의 뿌리(根)에서 가지와 잎이 비롯되듯 좋고 나쁘
고 즐겁고 괴로운 모든 느낌이 감각기관에서 비롯되고 있기 때문이다.
둘째, 여섯 가지 객관 현상(六境, sad-visayah) :
① 색채와 형태(色境) → 시각의 대상.
② 소리(聲境) → 청각의 대상.
③ 냄새(香境) → 후각의 대상.
④ 맛(味境) → 미각의 대상.
⑤ 피부(觸境) → 촉각의 대상.
⑥ 갖가지 개념(法境) → 의식작용의 대상.

99. 야차 헤마바따 :

사람들이 괴로워하고 있는

이 집착이란 도대체 무엇입니까?

이 집착으로부터 벗어나는 길을 말해 주십시오.

어떻게 하면 이 괴로움으로부터

풀려날 수 있겠습니까?

100. 고타마 :

이 세상에는 다섯 가지 감각*의 즐거움이 있다.

그리고 의식작용은 여섯 번째의 즐거움에 해당된다.

이 여섯 가지에 대한 지나친 욕심을 버린다면

여섯 가지 감각기관 (六根, sad-indriya)	상호교응 관계	여섯 가지 객관 현상 (六境, sad-visayah)
① 시각(眼根) →	↔	← ① 색채와 형태(色境)
② 청각(耳根) →	↔	← ② 소리 (聲境)
③ 후각(鼻根) →	↔	← ③ 냄새(香境)
④ 미각(舌根) →	↔	← ④ 맛(味境)
⑤ 촉각(身根) →	↔	← ⑤ 피부(觸境)
⑥ 의식작용(意根) →	↔	← ⑥ 갖가지 개념(法境)

* 다섯 가지 감각 : 시각, 청각, 후각, 미각, 촉각.

그대는 고통으로부터 풀려나게 될 것이다.

10 _ 알라바까 이야기

101. 야차 알라바까 :

가장 값진 재산은 무엇인가.

어떤 일을 해야 마음이 편안한가.

맛 중에 가장 좋은 맛은 무엇인가.

어떻게 사는 것이 최상의 삶인가.

102. 스승 :

인간에게 가장 값진 재산은 믿음이다.**

진리를 잘 관찰함으로써 마음의 편안을 얻는다.

—

** 부처님은 깨달음을 얻고 난 직후 제자들에게 '신앙을 버리라'고 가르치
고 있다. 물론 부처님이 말하는 신앙이란 베다 이후 신에 대한 형식적인
번제의식과 그것에 대한 신앙을 말하는 것이다. 그러나 여기 이 시에서
말하는 믿음이란 부처님이 가르치는 진리에 대한 확고한 믿음을 뜻하는
것으로서 어떤 개인에 대한 열광적인 복종을 뜻하는 것은 결코 아니다.

진실이야말로 맛 중에서 가장 좋은 맛이요,
지혜롭게 사는 것만이 최고의 삶이다.

103. 야차 알라바까 :
어떻게 이 존재의 흐름을 건너갈 수 있겠는가?
저 깊은 바다를 어떻게 건너갈 수 있겠는가?
이 고뇌를 정복하는 방법은 무엇이며,
다시 순수해지려면 어떻게, 무엇을 해야 하는가?

104. 스승 :
믿음으로 이 존재의 흐름*을 건너갈 수 있다.
열심히 노력함으로써 이 깊은 바다를 건널 수 있다.
근면과 인내로써 이 고뇌를 정복할 수 있으며
지혜에 의해서만이 인간은 다시 순수해질 수 있다.

———

*   존재의 흐름(the stream of existence) : 고뇌에 찬 이 욕망의 삶.

105. 야차 알라바까:

어떻게 해야 지혜를 얻을 수 있으며
재산을 모으는 방법은 또 무엇인가?
명성을 얻고 친구를 사귀는 방법은 무엇이며,
어떻게 하면 이 생이 끝날 때
비탄에 잠기지 않을 수 있는가?

106. 스승:

눈을 뜬 저 현자들의 가르침을 믿으며,
그 가르침을 듣고자 열망한다면
그는 마침내 그로 인하여 지혜를 얻게 될 것이다.

107. 때와 장소에 맞게 일을 하며 잘 참으며
노력하는 사람은 능히 재산을 얻는다.
진정한 의미에서의 명성은 진실에 의해서 얻어지며
내가 무엇인가를 베풀어 줌으로써
벗을 사귈 수 있다.

108. 이 세속에 사는 사람으로서
성실, 정의감, 확고한 의지, 그리고 관대함,
이 네 가지 덕만 갖추고 있다면
이생이 끝날 때 그는 결코 비통해 하지 않는다.

11 _ 승리

109. 걷기도 하고, 서기도 하고,
앉기도 하고, 눕기도 하고,
몸을 굽히거나 펴는 것,
이는 모두 이 몸의 동작에 지나지 않는다.

110. 우리의 몸은 뼈와 근육으로 형성되었으며
그 위에 얇은 막과 살이 달라붙어 있다.
그리고 겉은 살가죽에 싸여 있어서
있는 그대로의 모습을 볼 수가 없다.

111. 몸속에는 대장, 위, 간장, 방광, 심장,
     폐, 신장, 비장 등의 기관으로 가득 차 있다.

112. 그리고 콧물, 침, 땀, 지방질,
     피, 관절액, 담즙 등이 있다.

113. 또 아홉 개의 구멍*으로부터는
     언제나 더러운 오물이 나오고 있다.
     눈에는 눈물, 귀에는 귓밥.

114. 코에서는 누런 코, 입에서는 침과 가래,
     그리고 전신에서는 땀이 나고,
     때가 끼며 비늘이 떨어진다.

—

* 아홉 개의 구멍(九孔) : 두 눈, 두 귓구멍, 두 콧구멍, 입, 성기, 항문(탄트
  라의 비전에 의하면 이 아홉 구멍은 특히 감각적인 느낌이 가장 강한 곳
  이라 한다).

115. 또 머릿속(두개골 속)은 컴컴한 동굴과 같은데
      그 속에는 골수(腦髓)로 가득 차 있다.
      그러나 어리석은 자는 무지에 뒤덮여서
      이 육체는 참 깨끗한 것이라고 말하고 있다.

116. 머지않아 이 몸은 시체가 되어 눕게 된다.
      시체는 썩어 부풀어 오르고,
      차츰 검푸르게 변하여
      마침내 공동묘지에 버려지나니
      가장 사랑하던 사람마저도 이젠 뒤돌아보지 않는다.

117. 들개와 여우, 그리고 온갖 짐승들이
      이 송장덩어리를 뜯어먹는다.
      그리고 까마귀와 독수리 등이 날아와
      그 나머지를 쪼아 먹나니.

118. 그러므로 예지에 찬 수행자는
      스승의 가르침을 듣고,

이 몸에 대한 모든 진실을 분명히 알게 된다.
그리고 그는 이 몸에 대하여 있는
그대로 보게 된다.

119. '저 시체도 한때는 지금 살아 있는
내 육신과 같았다.
그러므로 내 몸도 언젠가는
저 시체와 같이 될 것이다.'
이렇게 알고 이 육신에 대한 애착을 모두 버려라.

120. 우리의 이 육체는 결코 깨끗하지 않다.
심한 악취가 나며, 갖가지 오물로 가득 차 있으며,
움직일 때면 오물이 여기저기에
떨어지고 있음이여.

121. 이런 육체를 가진 인간이
자신을 위대하다고 생각하여 남을 경멸한다면
그는 눈먼 소경이라고밖에 달리 말할 수 없느니.

12 _ 성자

122. 절친한 관계로부터 두려움이 생기고
세속적인 생활로부터 더러움이 생긴다.
절친한 관계도 없고,
세속적인 생활도 갖지 않는다면
이것은 진실로 성자의 생활이다.

123. 이미 생겨난 죄의 싹을 절단해 버린 사람,
새로 또 다른 죄의 씨를 뿌리지 않는 사람,
그리고 현재 생겨나는 죄를
더 이상 자라지도 못하게 하는 사람,
홀로 걸어가는 저 사람을 성자라 하느니,
그는 이미 저 니르바나의 언덕에 이르렀다.

124. 죄의 원인을 심사숙고한 다음
그 죄의 씨를 아예 없애 버린 사람,
죄에 대한 애착이 더 이상

번져 가지 못하게 하는 사람,
그는 저 니르바나의 언덕에 이른 성자다.
그는 두 번 다시 이 아귀다툼 판에
말려들지 않을 것이다.

125. 이 모든 편협된 주장들을 이미 간파하여
그 어느 편에도 치우치려 하지 않는 사람,
탐욕의 불길을 이미 진압해 버린 성자는
어떤 것도 인위적으로 조작하지 않는다.
그는 이미 저 니르바나의 언덕에 이르렀기 때문이다.

126. 자신을 잘 지켜 악을 피하고
젊었을 때도 중년이 되어서도
자신을 지킬 줄 아는 사람,
남을 괴롭히지도 않고
또 괴롭힘을 당하지도 않는 사람,
이런 사람을 진정한 성자라 하느니.

127. 영혼의 순수성을 잘 지켜 감으로써
    그 어떤 것에도 마음을 빼앗기지 않으며
    교만하거나 게으르지 않고
    이 모든 속박으로부터 자유로운 사람,
    이런 사람을 진정한 성자라 하느니.

128. 이 세상을 속속들이 다 알아서
    최고의 진리를 체험한 사람,
    존재의 이 깊은 바다를 건너간 사람,
    그리하여 그 어디에도 의존하지 않는
    저 순수한 사람을 진정한 성자라 이름하느니.

두 번째

작은 장

1 _ 보배

129. 스승의 가르침에 따라 굳게 나아가라.
저 높은 경지에 도달해서
얻을 것 없는 그 법열에 젖어라.
가장 값진 보배가 이 속에 있음이여,
이 진리의 보배로 하여 축복 있으라.

130. 성문 밖의 저 돌기둥은
바람이 불어와도 흔들리지 않는 것처럼
진리를 체험한 사람도 이와 같으니

가장 값진 보배가 이 속에 있음이여,
이 진리의 보배로 하여 축복 있으라.

131. 스승이 말씀하신 그 진리를 몸소 체험한 사람은
마음이 흩어지더라도 곧 되돌아오느니
가장 값진 보배가 이 속에 있음이여,
이 진리의 보배로 하여 축복 있으라.

132. 옛것은 이미 다하고
새로운 것은 아직 태어나지 않았다.
마음은 또 미래의 삶에도 집착하지 않느니
생존에 대한 이 집착의 씨를 쪼개 버려서
더 이상 자라나지 못하게 하는 사람은
마치 등불과 같이 그렇게 조용히 사라진다.
가장 값진 보배가 이 속에 있음이여,
이 진리의 보배로 하여 축복 있으라.

2 _ 불결한 음식

133. 이 세상에서 욕망을 절제하지 않고
　　　기름진 음식 맛을 탐내며 사악한 삶을 사는 자,
　　　허무(虛無)만을 주장하고
　　　옳지 않은 행동을 하는
　　　저 완고한 사람,
　　　이것이 바로 불결한 음식이다.
　　　육식은 결코 불결한 음식이 아니다.

134. 포악하고 잔혹하며, 헐뜯기를 좋아하는 자,
　　　의리를 배반하고 무자비하고 오만불손한 자,
　　　인색하기 이를 데 없어
　　　베풀 줄을 전혀 모르는 자,
　　　이것이 바로 불결한 음식이다.
　　　육식은 결코 불결한 음식이 아니다.

135. 성내기를 좋아하고 교만하며 고집이 센 자,
　　　반항심과 질투가 많고 거짓말을 잘하는 사람,
　　　불량한 무리들과 어울리는 저 한심한 자,
　　　이것이 바로 불결한 음식이다.
　　　육식은 결코 불결한 음식이 아니다.

136. 그 성질이 간악하여
　　　빌린 돈을 떼어먹거나 밀고를 하는 자,
　　　법정에서 거짓 증언을 하며
　　　정의를 가장하여 온갖 사악한 짓을
　　　일삼는 인간쓰레기,
　　　이것이 바로 불결한 음식이다.
　　　육식은 결코 불결한 음식이 아니다.

137. 살아 있는 생명을 함부로 죽이며
　　　남의 것을 빼앗고 짓밟는 자,
　　　그 성질이 광폭하고 무례한 녀석,
　　　이것이 바로 불결한 음식이다.

육식은 결코 불결한 음식이 아니다.

138. 살아 있는 것들을 자기 뜻대로 지배하려 하며
     적대감과 불쾌감을 뿜는 자,
     기회만 있으면 남을 해치려고 벼르는 자는
     죽어서는 암흑 속으로 들어갈 것이며,
     머리를 거꾸로 처박고 지옥으로 떨어질 것이다.
     이것이 바로 불결한 음식이다.
     육식은 결코 불결한 음식이 아니다.

139. 고기를, 생선을 먹지 않는 것도,
     단식도, 나체의 고행도, 삭발도, 장발마저도
     그리고 거친 옷을 입고
     신에게 번제물을 올리는 종교의식도
     저 불멸을 얻기 위한 그 갖가지 고행마저도
     베다의 주문도, 아아, 그 간절한 기도조차도
     그대의 영혼을 깨끗이 정화시킬 수 없다.
     그 마음에 아직도 의문의 안개가 남아 있는 한.

3 _ 진실한 우정에 대하여

140. '나는 자네의 친구'라고
　　　말로는 곧잘 지껄여대지만
　　　그러나 친구를 위해서
　　　실제로 아무런 일을 하지 않는다면
　　　이런 사람은 진실한 친구가 아니다.

141. 친구들에게 허풍이나 떨면서
　　　전혀 그 말대로 실천에 옮기지 않는 사람,
　　　이런 사람은 '말만 많고 행동하지 않는 자'이다.

142. 지금은 아무리 고달프더라도
　　　인간으로서 지고 가야 할 짐을 묵묵히 지고 가라.
　　　그러면 마침내 기쁘고 넉넉한 결과가 있을 것이니.

143. 한적함과 평온을 맛본 사람은,
　　　저 진리의 감로를 마셔 본 사람은,

죄악으로부터,
그리고 두려움으로부터 벗어나게 된다.

4 _ 더없는 행복[*]

144. 어리석은 자들을 가까이하지 않고
     현명한 사람들과 친교를 맺는 것,
     그리고 존경받을 만한 사람들을 존경하는 것,
     이것이 더없는 행복이거니.

145. 알맞은 장소에 살며 좋은 일을 앞질러 하는 것,
     그리고 자기 자신을 갈고 닦기에 온힘을 쏟는 것,
     이것이 더없는 행복이거니.

———

* '인간으로서 가장 인간답게 살려면 어떻게 살아가야 하는가?' 이것이 부
  처님의 가르침이다. 그렇다면 부처님은 행복을 어떻게 규정하고 있는가.
  이 제4절 '더없는 행복'에서는 진정한 의미에서의 인생의 행복은 무엇인
  가를 말하고 있다. 말하자면 부처님의 행복론인 셈이다.

146. 학문이 깊으며 기술을 익히는 것,
　　 몸을 잘 다스리고 말을 훌륭하게 하는 것,*
　　 이것이 더없는 행복이거니.

147. 존경과 겸손, 만족과 감사한 마음을 갖는 것,
　　 그리고 알맞은 때에 진리의 가르침을 듣는 것,
　　 이것이 더없는 행복이거니.

148. 인내력을 기르고 말을 부드럽고 온화하게 하는 것,
　　 수행자들을 두루 만나며
　　 알맞은 때에 진리의 말에 귀를 기울이는 것,
　　 이것이 더없는 행복이거니.

149. 고행과 순결,
　　 그리고 진리에 대한 통찰력과 체험,
　　 이것이 더없는 행복이거니.

—

* 누구 앞에서도 서두르거나 기죽지 않고 자기 자신의 심정을 넉넉하게
　이야기하는 것, 이것이 바로 말을 훌륭하게 잘하는 것이다.

150. 세상살이에 뒤섞일 때조차
　　　그 마음이 흔들리지 않고
　　　슬픔과 더러움으로부터 벗어나서 안정돼 있는 것,
　　　이것이 더없는 행복이거니.

151. 이렇게 꿋꿋이 걸어가는 사람은
　　　그 어떤 경우에도 패배하지 않는다.
　　　그리고 그는 이 모든 곳에서 편안을 얻게 되나니
　　　그 속에, 그 편안 속에 행복이 있음이여.

5 _ 수킬로마 야차

152. 수킬로마:
　　　탐욕과 증오는 왜, 어디로부터 생겼는가?
　　　좋은 것과 싫은 것,
　　　그리고 공포심은 어디로부터 왔는가?
　　　철부지 아이들이 까마귀를 괴롭히듯

사람의 마음을 괴롭히는 저 불신감은
또 어디에서 비롯되었는가.

153. 스승:
     탐욕과 증오는 바로 탐욕과 증오에 찬
     그 자신으로부터 생긴 것이다.
     좋은 것과 싫은 것, 그리고 공포심 역시
     그 자신으로부터 생겼다.
     철부지 아이들이 까마귀를 괴롭히듯
     우리 마음을 괴롭히는 저 불신감 역시
     우리 자신으로부터 비롯된 것이다.

154. 이런 것들은 모두 욕망으로부터 생겨나서
     나무의 새싹처럼 그 자신 속에서 자란다.
     이것들이 널리 모든 욕망과 연결되어 있는 것은
     마치 덩굴나무가 숲 속에서
     사방팔방으로 뻗어나가는 것과 같다.

155. 수킬로마여, 들거라.
죄악이 어디로부터 일어나는지를 아는 사람은
그것들을 미련 없이 내 버린다.
그리고 그는 아직까지
그 누구도 건너간 일이 없는
이 생존의 바다를 건너
이제 두 번 다시 삼사라*의 이 꿈 속으로
들어오지 않는다.

6 _ 진리에 맞는 삶

156. 올바른 생활, 구도자적인 삶,
이것이야말로 가장 값진 보석이 아닐 수 없다.
비록 집을 버린 수행자라 할지라도.

---

* 삼사라(saṃsāra, 輪廻) : 물질에 대한 집착과 마음의 미망(迷妄) 때문에
끝없이 방황하고 있는 혼의 유전현상.

157. 거칠게 말하며 남을 괴롭히기를 좋아하는 자,
이런 짐승 같은 자의 삶은 죄악으로 가득 차 있다.
세월이 갈수록 불어나는 것은
그 자신의 더러움뿐이다.

158. 언제나 말싸움하기를 좋아하며
어리석음으로 뒤덮여 있는 사람은
아무리 진리를 가르쳐 줘도 그걸 이해하지 못한다.

159. 그는 또 그 자신의 깨끗한 마음을 휘저으면서
무지(無知), 저 어둠 속으로, 어둠 속으로,
빨려 들어가고 있다.
그리고 그는
죄가 지옥으로 가는 지름길이라는 것을
알지 못한다.

160. 이런 사람은 마침내 불행에 빠지게 되며
이 자궁에서 저 자궁으로,

어둠 속에서 어둠 속으로 끝없이 헤매게 된다.
그리고 이 삶이 끝날 때 그를 맞는 것은 고통뿐이다.

161. 그러므로 알지어다.
이런 사람은 지극히 세속적인 인간으로서
죄악에 가득 찬 욕망과 생각,
그리고 죄악으로 얼룩진 행동이 있을 뿐이다.

162. 그대들은 모두 일치단결해서
이런 사람을 멀리 날려 보내야 한다.
쌀겨를 저 멀리멀리 날려 보내듯.

163. 그리고 수행자도 아니면서
자칭 수행자라고 떠벌리는 놈들을
저 멀리멀리 날려 보내야 한다.
죄악에 찬 욕망과 행동,
그리고 옳지 못한 생각을 갖고 있는 그들을
멀리 더 멀리, 아주 멀리 날려 보내야 한다.

164. 다시 순수해져라. 그리고 생각을 깊게 갖고
     순수한 사람들과 이웃하며 살아가라.
     그러면 너는 다시 지혜로워질 것이며
     밤에 울던 그 고통과 고뇌는
     영원히 가버릴 것이다.

7 _ 진정한 수행자

165. 옛 현자들은 자신을 절제하는 고행자였다.
     그들은 갖가지 욕망의 대상을 버리고
     오직 자신의 진실한 이상을 향해 걸어갔다.

166. 그들은 가축도 갖지 않았으며
     황금도, 재물도 소유하지 않았다.
     그러나 그들은 수행을 재물로 삼았고,
     저 유일자 브라만을 창고(곳간)로 삼아
     자신을 굳게 지켜 갔다.

8 _ 나룻배

167. 진리를 알고 있는 사람은
      당연히 존경받아야 한다.
      배움이 깊은 그런 사람을 진심으로 존경하라.
      그러면 그는 너에게
      마음을 다하여 길을 가르쳐 보일 것이다.

168. 생각이 깊은 사람은 그 가르침을 열심히 들어서
      그것을 하나하나 실천에 옮긴다.
      이런 사람을 가까이하게 되면
      너 역시 그 사람과 같은 경지에 이를 것이니.

169. 그러나 사이비 스승을 따르는 사람은
      말귀도 못 알아듣고 게다가 시기심만 많다.
      그는 의심의 이 장벽을 넘어가지도 못하며
      진리의 문을 열지도 못할 것이다.

170. 강물에 빠진 사람이
급한 물살에 휘말려 떠내려가고 있다.
물살에 휘말려 가는 이 사람이
어떻게 다른 사람을
저쪽 언덕으로 건네 줄 수 있단 말인가.

171. 이와 마찬가지로 진리를 제대로 알지도 못하고
게다가 배움이 깊은 사람들의 말을 듣지도 않는다면
스스로 아무것도 알지 못하는 사람이,
의심의 이 장벽을 넘어가지도 못한 사람이,
아아, 어떻게 다른 사람의 마음을
움직일 수 있단 말인가.

172. 저 일등 항해사가 아주 튼튼한 배를 타고
많은 사람들을 강 건너 저쪽 언덕으로 싣고 가듯.

173. 그와 마찬가지로 진리에 통달한 사람은
자신을 잘 다듬고 배움이 깊어 동요하지 않는다.

그리고 그는 진리의 길을 가고자 하는
저 많은 사람들의 마음을 움직인다.

174. 그러므로 지혜롭고 배움이 깊은 저분들을
가까이하라.
사리를 잘 판단하고 착실히 살아가는 사람은,
진리를 깊이 통찰한 사람은,
마침내 저 행복의 문 앞에 이르게 될 것이다.

9 _ 최상의 목적

175. 물음:
어떤 덕을 닦고, 어떤 행동을 하고
또 어떤 일을 해야만
우리는 올바르게 살 수 있는가?
또 최상의 목적에 도달할 수 있는가?

176. 대답 :

윗사람을 비난하지 말고 시샘하지 말라.

스승을 찾아갈 그 적당한 때를 알고

그 가르침을 들을 수 있는 최적기를 알아라.

훌륭한 가르침을 부지런히 듣고, 배우도록 힘써라.

177. 고집을 버려라.

겸손한 태도로 알맞은 시기에 스승을 찾아가라.

진리와 자기 절제, 그리고 순결한 행동을

늘 기억하고 실천하도록 힘써라.

178. 진리를 즐거워하라. 진리를 기뻐하라.

진리의 언덕에 꿋꿋이 서라.

진리의 이 흐름을 파악하라.

진리를 모독하는 말은 절대로 하지 말라.

그리고 진리를 의지하면서 그렇게 살아가라.

179. 웃음과 농담과 슬픔과 혐오,
　　　 거짓말과 사기와 탐욕과 오만,
　　　 그리고 격분과 거친 말과 탐닉을 버리고
　　　 확고한 태도로써 꿋꿋이 나가라.

180. 훌륭한 가르침을 귀담아 듣고 깊이 이해하라.
　　　 그러면 바라는 바를 이룰 수 있으니
　　　 듣고 이해한 그대로 실천하라.
　　　 그러면 목적한 바를 성취할 수 있으니
　　　 그러나 너무 조급하고 조심성이 없으면
　　　 그에게는 이제 지혜도 배움도
　　　 더 이상 증가하지 않을 것이다.

10 _ 부지런히 노력하라

181. 일어나라. 앉아라. 잠이 웬 말인가.
　　　 고뇌의 화살에 맞아 신음하고 있는 자가

지금 웬 잠이 이리 깊은가.

182. 일어나라. 앉아라.
평온을 얻기 위해서
오직 진리의 길만을 곧바로 가라.
너의 게으름을 알아차린 저 죽음의 왕이
다시는 너를 속이지 못하게 하라.
다시는 너를 묶지 못하게 하라.

183. 하늘의 저 신들도 인간들도
모두들 욕심과 집착의 덫에서
헤어나지 못하고 있다.
넘어가라. 이 집착을 넘어가라.
얼마 안 되는 이 시간을 헛되이 보내지 말라.
세월을 헛되이 보낸 사람은
죽음의 문이 열릴 때
저 어둠 속에서 슬피 울게 되느니.

184. 게으름은 쓰레기다.

계속되는 게으름은 쓰레기다.

열심히 열심히 노력함으로써

그리고 예지의 집게로 뽑아 버려라.

그대 영혼에 박힌 그 고통의 화살을….

11 _ 라훌라여 듣거라*

185. 스승:

라훌라여,

같이 사는 현자를 너는 멸시하지 않느냐?

——

* 스승(부처님)은 고향 카필라바스투(카필라 성)에 갔을 때 당신의 외아
들 라훌라를 출가시켜 수행자로 만들었다. 라훌라가 청년이 됐을 때 예
지의 제1인자 사리불이 선생이 되어 비로소 라훌라는 완전한 수행자(비
구)가 됐다. 그런데 라훌라는 자신이 스승의 아들이라는 자만심과 석가
종족의 왕자라는 거만심에 가득 차서 선생인 사리불을 얕잡아 보는 경
향이 있었다. 그래서 스승은 그런 라훌라의 거만심을 경책하기 위하여
라훌라를 상대로 이 가르침을 줬다고 한다. 이 대화 속에서 스승은 당신
의 외아들 라훌라에게 참된 수행자의 길을 간절히 가리켜 보이고 있다.

모든 사람을 위하여 지혜의 횃불을 높이 든
저 사람을 너는 존경하고 있느냐?

186. 라훌라 :

아버지, 그분을 저는 결코 멸시하지 않습니다.
우리 모두를 위하여 지혜의 횃불을 높이 든
저분을 저는 언제나 존경하고 있습니다.

187. 스승 :

아름답고 매혹적인 저 욕망의 유혹을 버려라.
아들아,
그대는 진리의 길을 가기 위해서 집을 나왔느니
이 인간의 고뇌를 모두 없애 버리는 자가 되어라.

188. 진실한 사람들과 가까이하고

마을에서 조금 떨어진 곳에 살아라.
조용하고 평화로운 그런 곳에 머물러라.
그리고 음식은 언제나 양에 맞게 절제하라.

189. 의복과 음식, 그리고 물건과 주거지,
    이런 것들에 대해서 지나치게 욕심을 내지 말라.
    그리고 다시는 세상으로 되돌아가지 말라.

190. 정한 규칙을 잘 따르고, 감관을 절제하라.
    너 자신의 몸을 잘 관찰하고
    이 세상에 대한 미련을 모두 버려라.

191. 애욕이 있으면 더러운 것도 신비하게 보이느니
    이 매혹적인 겉모양에 사로잡히지 말라.
    이 몸은 결국 덧없이 사라져 가는 것임을 알아서
    마음을 잘 가다듬어 흩어지지 않게 하라.

192. 모든 형상은 덧없이 변한다는 것을 알고
    마음속에 숨어 있는 자만심을 버려라.
    자만의 마음이 모두 무너지게 되면
    아들아, 그대는 조용하고 넉넉하게
    이 세상을 살아갈 것이다.

12 _ 수행자 반기사

193. 나는 이렇게 들었다.

어느 때 스승은 큰 나무 밑에 머물고 계셨다. 그런데 수행자 반기사의 선생인 니그로다깝파가 이 나무 밑에서 숨을 거둔 지 얼마 되지 않았다. 반기사는 깊이 명상에 잠겨 있는 도중 이런 생각을 하게 됐다.

'선생 니그로다깝파는 정말 완전히 없어져 버렸는가. 아니면 그저 이 육체만을 버리고 어딘가에 머물고 있는가.'

저녁이 됐다. 반기사는 스승에게로 가서 이렇게 물었다.

모든 의심을 끊은 지혜의 승리자 당신에게 묻습니다.
마음이 넉넉한 경지에 들어간 한 수행자가
이 큰 나무 밑에서 숨을 거두었습니다.

194. 수행을 통해서 그가 이루고자 한 목적은
    부질없는 것이었단 말인가?
    그는 아무것도 없는
    저 허무 속으로 사라져 버렸단 말인가.
    아니면 이 생존의 근원을 남겨둔 채
    니르바나로 돌아간 것일까?
    그는 어떤 식으로 해탈을 얻었을까?

195. 우리가 듣고 싶은 것은 바로 이런 것들입니다.
    스승의 대답 :
    그는 이 세상에서
    명칭과 형태에 관한 욕망을 끊어 버렸다.
    오랫동안 그에게 달라붙어 있던
    악마의 흐름(無知)을,
    저 삶(生)과 죽음(死)의 험한 바다를
    그는 모두 건너가 버렸다.

13 _ 구도자의 길

196. 이 세상에서 올바른 구도자의 길을 가려면
어떻게 해야 합니까?

197. 스승:
앞일을 예언하지 말라.
천지이변을 점치지 말라.
꿈을 해몽하지 말라.
사주관상 등을 보거나 또 봐주지 말라.
이와 같이 길흉화복에 대한 판단을 모두 버린 사람은
이 세상에서 올바른 구도자의 길을 가고 있는 것이다.

198. 미(迷)한 이 생존을 초월하고 진리를 깨달은 사람,
인간 및 하늘의 향락에 대한 탐욕을 정복한 사람,
그는 이 세상에서 올바른 구도자의 길을
가고 있는 것이다.

199. 남을 헐뜯지 않고

　　　노여움과 인색함에서 풀려난 사람,

　　　비위에 맞거나 맞지 않거나

　　　그런 것을 전혀 개의치 않는 사람,

　　　그는 이 세상에서

　　　올바른 구도자의 길을 가고 있는 것이다.

200. 좋다, 싫다를 모두 버리고

　　　그 어디에도 집착하지 않아

　　　이 모든 속박으로부터 훨훨 날아가 버린 사람,

　　　그는 이 세상에서

　　　올바른 구도자의 길을 가고 있는 것이다.

201. 생존을 구성하는 이 요소(upadhi)들* 속에는

　　　영원불변의 실체가 없음을 이미 간파해 버린 사람,

　　　――――

*　우빠디(upadhi) : 생존을 구성하는 요소. 번뇌, 업(業, karma), 무지(無
　知, avidya)로부터 발생하는 제약 조건. 다섯 개의 인식기관(시각, 청각,
　후각, 미각, 촉각)의 기능도 이 우빠디에 속한다. "무지(無知)에 의해서 영
　혼은 우빠디와 연결되며 절대성으로부터 피제약성(被制約性)으로 이동

그리하여 저 모든 집착을 버리고
탐욕을 다스린 사람,
그 누구의 말에도 끌려가지 않는 그런 사람,
그는 이 세상에서
올바른 구도자의 길을 가고 있는 것이다.

202. 말과 행위와 그 생각하는 바가
어느 누구에게도 거슬리지 않는 사람,
진리를 완전히 이해하고
니르바나를 체험하기 위하여 열망하는 사람,
그는 이 세상에서
올바른 구도자의 길을 가고 있는 것이다.

203. 보라. '사람들이 나를 존경한다'고 우쭐대지 않고
비난을 받아도 그것을 마음에 품지 않는 사람,
남에게 대접을 받아도 전혀 교만하지 않은 사람,

한다. 즉 영혼은 개별적인 것, 행위하고 있는 것(kartr), 그들 행위의 결과
를 향수하고 있는 것(bhoktr)이 된다(indische Philosophie, by Otto
Hermann Strauss Munchen, Ernst Reingardt, 1925. 日譯本, p. 326)".

그는 이 세상에서
올바른 구도자의 길을 가고 있는 것이다.

204. 삶에 대한 이 맹목적인 바람을 버리고
     살아 있는 것들을 더 이상 괴롭히지 않는 사람,
     모든 의심을 넘어서서
     고통의 화살을 뽑아 버린 사람,
     그는 이 세상에서
     올바른 구도자의 길을 가고 있는 것이다.

205. 자신의 분수를 잘 아는 사람,
     이 세상의 어떤 것도 해치는 일 없이
     철저하게 진리를 터득한 사람,
     그는 이 세상에서
     올바른 구도자의 길을 가고 있는 것이다.

206. 그에게는 어떤 나쁜 기질도 존재하지 않는다.
     그는 악을 뿌리째 뽑아 버리고

원하는 것도 구하는 것도 없이
그는 이 세상에서
올바른 구도자의 길을 가고 있는 것이다.

207. 번뇌의 더러움을 버리고 자만에서 풀려나
이 모든 탐욕을 정복해 버린 사람,
자신을 잘 절제하여
편안하고 굳건한 마음에 돌아간 사람,
그는 이 세상에서
올바른 구도자의 길을 가고 있는 것이다.

208. 신념이 있고 배움이 있는 현자가
진리에 이르는 길을 분명히 보고
무리들 속에 있으면서
저들에게 맹종하지 않는다면,
그리고 야망과 미움과 분노를 잘 다스려 간다면,
그는 이 세상에서
올바른 구도자의 길을 가고 있는 것이다.

209. 보라, 순수한 이 사람을, 이 승리자를.
그는 이 무지(無知)의 베일을 모두 벗어 버리고
진리를 정복하여 저 언덕에 이르렀느니.
생존을 구성하는 이 모든 요인을 깊이 통찰한 사람,
그는 이 세상에서
올바른 구도자의 길을 가고 있는 것이다.

210. 과거나 미래에 대한 잘못된 계획을 부숴 버리고
다이아몬드 저 지혜로 눈부신 사람,
마음이 집착하는 이 모든 곳으로부터 벗어난 사람,
그는 이 세상에서
올바른 구도자의 길을 가고 있는 것이다.

211. 궁극의 경지를 알고 진리를 깨달은 사람,
번뇌의 오염을 분명히 감지한 사람은
생존의 이 모든 구성요소를 부숴 버렸으므로
그는 이 세상에서
올바른 구도자의 길을 가고 있는 것이다.

14 _ 제자 담미까의 물음

212. 예지로 빛나는 분이여, 우리는 당신께 묻습니다.
어떻게 해야 당신의 제자가 될 수 있습니까?
집을 버리고 방랑의 길손이 돼야 합니까?
아니면 집에 머물면서
착실한 생활인이 돼야 합니까?

213. 스승의 대답 :
수행자들이여, 듣거라.
번뇌를 제거하는 수행법을
그대들에게 말하겠노라.
그대들은 모두 이 가르침을 굳게 지켜야 한다.
목적을 향해 가는 생각 깊은 사람은
수행자에게 알맞은 그런 행동을 익혀야 한다.

214. 출가수행자*는 때 아닌 때**에
돌아다니지 말라.

정해진 때***에 밥을 얻으러 마을로 가라.

때 아닌 때에 돌아다니게 되면

집착에 얽매이기 때문이다.

그러므로 진리를 체험한 사람들****은 결코

때 아닌 때에 돌아다니지 않는다.

———

* 불교의 승려, 비구. 따라서 비구는 밥을 얻어 먹으며 인간으로서의 모든
것을 철저히 포기해 버리고 수행에만 전념하도록 되어 있다. 이 관습이
티베트, 중국, 한국 등을 거쳐 오면서 사찰 생활로 변해 버렸다. 그러나
스리랑카, 태국, 미얀마 등의 소승불교권 국가에서는 아직도 밥을 얻어
먹는 이 관습이 그대로 지켜져 내려오고 있다. 비록 형식적이긴 하지만.

** 낮 12시가 지난 시간. 따라서 비구는 낮 12시 이후에는 밥을 얻지도 못
하고 먹지도 못하게 되어 있다.

*** 오전. 즉 낮 12시 이전.

**** 즉 부처님. 부처님이 여기에서는 복수(Buddhas)로 되어 있다. 그것은
여기에서의 부처님의 의미는 후대의 대승불교에 와서 발전된 하나의 신
격(神格)으로서의 부처님(佛陀, Buddha)이 아니라 평범한 인간으로서
의 현자를 뜻하기 때문이다. 불교가 처음 전파될 당시는 후세의 불교도
들이 생각하는 것과 같은 복을 주는 부처님을 문제로 하지는 않았다. 대
신 생각이 깊은 사람, 구도자로서의 부처님을 생각했을 뿐이다. 그러므
로 여기 이 시에서의 부처님(Buddha)은 비구(출가수행자, bhikkhu)
와 동의어로 쓰이고 있다. 말하자면 이 양자가 분리되기 그 이전의 상
태를 보여 주고 있는 셈이다. 그리고 대승불교의 구도자로서의 보살
(boddhisattva)을 부처님과 구별한 것은 후대의 사상적인 소산이었다.
그러므로 지금 우리가 말하고 있는 소위 불교학이라는 것을 뛰어넘지
않는 한 이 《숫타니파타》를 올바르게 이해할 수는 없을 것이다.

215. 이 모든 형상과 소리, 맛과 냄새와 감촉은
    우리를 완전히 취하게 한다.
    이것들에 대한 욕망을 잘 다스리고
    정해진 때에 음식을 얻기 위하여 마을로 가라.

216. 정해진 때에 음식을 얻은 다음
    조용한 곳에 가 홀로 앉아라.
    자신의 내면을 잘 관찰하고
    마음을 밖으로 나가지 못하게 하라.

217. 혹 다른 사람들과 이야기할 경우가 있다면
    상대방에게 뛰어난 진리만을 이야기하라.
    헐뜯는 말이나 남을 비난하는
    말은 가능하면 하지 말라.

218. 비난의 말을 듣고 곧잘 화를 내는 사람들이 있다.
    현명하지 못하고 편협한 이런 사람들을
    우리는 결코 칭찬할 수 없느니,

사방에서 비난의 올가미가 그들을 잡으려 한다.
그들은 논쟁 속으로 그들의 마음을
모두 빼앗기고 만다.

219. 스승이 가르치신 진리의 말을 귀담아 듣고
음식과 주거지, 그리고 침구와 좌복,
세탁물 등을 잘 주의해서 쓰지 않으면 안 된다.

220. 그러므로 음식과 침구와 좌복,
그리고 세탁물, 이런 것들에 대하여
출가수행자는 지나치게 욕심을 내지 말아야 한다.
저 연잎 위에 구르는 물방울이
어떤 경우에도 더러워지지 않는 것같이.

221. 다음은 이 세상에 머물고 있는
제자들의 할 바를 말하리라.
내가 가르친 대로 실행하는 사람은
참으로 좋은 나의 제자다.

그러나 출가수행자들을 위한 위의 규정을
이 세상에 머무는 그대들이 실천한다는 것은
힘든 일이다.

222. 첫째, 살아 있는 어떤 생명체도 죽이지 말라.

　　　둘째, 주지 않는 물건은 갖지 말라.

　　　셋째, 거짓으로 말하지 말라.

　　　넷째, 술을 지나치게 마시지 말라.

　　　다섯째, 순결하지 못한 생각은 삼가라.

　　　여섯째, 밤에 때 아닌 음식은 먹지 말라.

　　　일곱째, 옷을 너무 화려하게 입지 말고

　　　　　　　향수를 너무 진하게 뿌리지 말라.

　　　여덟째, 땅에 침구를 깔고 누워라(맨땅에 눕지 말라).

　　　이것을 여덟 가지 절제(우포사다, 八戒)*라 하며

---

* 원래는 인도의 소치기들 사이에서 소를 치기 위한 그 준비기간 겸 휴식
   기간을 우포사다(uposatha)라고 했다. 그런데 이 관습이 불교에 들어와
   서는 몸을 근신하고 자신을 반성하는 참회행사로 변했다. 포살(布薩)이
   라 한역하며 고려시대의 팔관회 등은 특히 이 우포사다(布薩)를 거국적
   인 행사로 확장시킨 것이다.

이 여덟 가지의 절제를 통하여
모든 고통은 극복된다.

223. 이 '여덟 가지 절제'를 잘 지키고
정직하게 번 재물로 부모를 봉양하고
올바른 직업**을 갖도록 하라.
이렇게 근면하고 성실하게 살아가는 사람은
이생이 끝날 때 더 밝은 곳으로 나아가게 된다.

** ① 무기 판매 ② 고기 판매 ③ 살아 있는 생명의 매매 ④ 술의 판매 ⑤
독(毒)의 판매. 이 다섯 가지 직업을 제외한 나머지 모든 직업. 또 다른
문헌에는 무기 판매를 들지 않고 대신 인신매매를 들고 있다(Pj. 1, 379.
AN. V, 177 참조).

세 번째
큰 장*

1 _ 집을 버리다(出家)**

224. 지혜로운 이는 왜 집을 버렸는가?
　　　그는 왜, 무슨 생각에서
　　　미련 없이 집을 나왔는가?

---

* 제2, '작은 장'에 비하여 이 장의 길이는 그 배가 넘는다(362편의 시). 그
래서 이 장을 '큰 장'이라 했으며 제2장을 '작은 장'이라 한 것이다.

** 출가(出家, pabbajja) : 보다 완벽한 구도자가 되기 위하여 집을 나오는
것. 따라서 원어 파바쟈에는 '앞으로 나아가다', '증발해 버리다'는 의미
가 포함돼 있다. 고타마(부처님)가 수행자의 길을 가기 위하여 출가한
것은 당시의 일반적인 종교적 풍습을 따랐던 것을 뜻한다. 전설(Sn. A,

225. 지혜로운 이는 왜 집을 버렸는가?

   그는 왜, 무슨 생각에서 미련 없이 집을 나왔는가?

   그가 집을 버린 그 내력을 여기 적으리라.

226. 이 집착의 생활은 고통이다.

   번거롭고 복잡하여 그 마음에 이는 것은

---

pp. 383~4)에 의하면 고타마는 출가한 후 7일 뒤에 당시 최대의 강국인 마가다 국의 수도 왕사성(라즈기르, Rajgir)에 왔다고 한다. 그러나 왕사성에 왔다는 것은 지나친 과장이다. 그의 고향 카필라 성에서 왕사성까지의 거리가 직경 300마일 이상이며 실제의 길을 따라오자면 400마일 이상이 되기 때문이다. 이 거리를 출가수행자가 탁발하면서 7일 만에 걸어왔다는 것은 불가능한 일이다.

또 다른 기록에 따르면 부처님은 왕사성에 도착하여 탁발을 끝내고 사람들에게 이 도시에서 출가수행자가 사는 곳이 어디냐고 물었다고 한다. 사람들에게서 출가수행자의 거처는 판다바 산의 동쪽이라는 말을 듣고 부처님은 그곳으로 갔던 것이다. 이때 빔비사라 왕은 그(부처님)를 찾아와 그의 출생을 묻고 출가를 단념시키려고 했다. 그러나 그는 이를 거절하고 두 명의 요기(요가수행자)를 찾아갔다. 그런데 여기서 주목해야 할 것은 그가 출가수행자가 되어 얼마 지나지 않아 당시 최대의 강국인 마가다 국의 수도 왕사성에 왔다는 그 사실이다. 마가다 국은 당시 새로운 최신 기술의 개발과 경제성장이 급진전하던 나라였다. 말하자면 그는 당시 새로운 문화의 중심지에 온 것이다.

왕사성은 현재 인도의 비하르 주 파트나에서 약 60마일 거리의 동남쪽에 위치하고 있다. 망망한 평원에 다섯 개의 산으로 에워싸인 이 도시는 천연의 난공불락 요새인 셈이다.

오직 먼지뿐이다.
그러나 이 집착의 생활을 벗어나게 되면
우주 전체가 내 집이 된다.
이를 깊이 생각하고
그는 집 없는 구도자의 삶을 택한 것이다.

227. 이런 삶을 택하게 되면
몸이 저지르는 모든 잘못과
말의 실수가 더 이상 없게 되며
그리고 자신의 삶은
다시 순결하게 정화될 것이다.

228. 지혜로운 이는 마가다 국의 수도
산으로 에워싸인 곳 왕사성*으로 갔다.

---

* 왕사성(王舍城) : 현재의 이름은 라즈기르(Rajgir)이며(그러나 지금 왕
사성은 화려하던 옛 자취는 간 곳 없고 초목과 잡초만이 우거져 있을
뿐, 그리고 그 사이사이로 몇 채의 인가가 널려 있을 뿐) 산 위에는 아직
도 돌로 쌓은 옛 성곽의 일부가 그대로 남아 있다.

기품도 늠름한 그분은
고행자의 생활을 하기 위하여 그곳으로 갔다.

229. 마가다 국의 왕 빔비사라는
그의 궁전 옥상에서 그(부처)를 봤다.
풍채도 당당한 그를 보고 신하들에게 이렇게 말했다.

230. 그대들이여, 저 사람을 보라.
멋지고 장엄하고 수려한 사람이
모습도 당당하게 앞만 보며 가고 있다.

231. 그는 오직 아래만 보면서 걸어가고 있구나.
저 사람은 필시 비천한 가문의 출신은 아닐 것이다.
그대들이여, 저 사람의 뒤를 따라가 보라.
어디로 가는지 잘 살펴보라.

232. 왕의 어명을 받은 사람들은 그의 뒤를 좇아갔다.
'그 수행자는 지금 어디로 가고 있는가.

그리고 어디쯤에서 살고 있는가.'
이렇게 생각하면서.

233. 그는 몸을 잘 절제하면서
     깊이 생각에 잠겨 흩어지지 않은 자세로
     이 집 저 집 밥을 얻으러 다녔다.

234. 그는 탁발을 끝내고 시가지를 빠져나가서
     판다바 산으로 올라갔다.

235. 그가 그의 거처로 들어가는 것을 보고
     왕의 사자들은 그에게 가까이 갔다.
     그리고 그 중 한 명이 왕궁으로 돌아가
     왕에게 이를 알렸다.

236. 전하, 그 수행자는 판다바 산의 동쪽에 있는
     한 동굴 속에서 호랑이처럼, 황소처럼,
     그리고 사자처럼 앉아 있습니다.

237. 이 말을 들은 대왕 빔비사라는
    장엄한 수레를 타고 급히 판다바 산으로 갔다.
    왕은 올라갈 수 있는 데까지
    수레를 타고 올라갔다.
    길이 험하여
    수레가 더 이상 올라갈 수 없는 데서부터는
    왕은 손수 수레에서 내려 걸어서
    그에게 가까이 갔다.

238. 왕은 먼저 그에게 반갑게 인사를 건넸다.
    인사가 끝나고 나서 잠시 후
    왕은 이렇게 말했다.

239. 수행자여,
    그대는 아직 젊음으로 충만해 있소.
    이제 막 인생의 문에 들어선 젊은이여,
    그 용모가 단정한 것으로 보아
    그대는 필시 어느 고귀한 왕족임이 분명하오.

나는 그대에게 군의 총사령관직을 주겠소.

그리고 많은 재물을 주겠소.*

내 선물을 즐거이 받으시오.

젊은이여,

그대는 어느 가문에서 태어났소?

240. 스승의 대답:

대왕이여, 저 히말라야의 산 밑에

정직한 한 민족이 살고 있으니

이 민족은 예로부터

부(富)와 용기로 이름이 있는 민족이오.

———

* 여기 빔비사라 왕의 제의는 매우 중요한 뜻을 포함하고 있다. 마가다 국
은 북쪽에 있는 베살리 국과 코살라 국을 상대로 전쟁을 한 일이 있다.
그리고 석가족의 나라인 카필라 국은 코살라 국(현재의 인도 웃다 푸라
데쉬 주 지역)보다 더 북쪽에 위치해 있으므로 빔비사라 왕이 석가족
의 왕자에게 군사 원조와 경제 원조를 제의하고 있는 것이다. 결론적으
로 빔비사라 왕의 속셈은 남쪽의 마가다 국(현재의 인도 비하르 주 지
역)과 북쪽의 카필라 국이 합하여 일시에 여러 나라(당시 인도는 크고
작은 16국으로 나누어져 있었다)를 공격하려는 연합전술을 펴려는 것이
다. 부처님은 이 제의를 거절했다. 그는 이미 세속을 포기하고 출가수행
자가 됐기 때문이다.

241. 이 민족의 성은 '태양의 후예'**이며
    석가족(釋迦族, Sakiya)으로 알려져 있다.
    대왕이여, 나는 그 가문에서 태어났다.
    그리고 내가 부귀영화를 버리고
    수행자가 된 것은
    결코 욕망을 충족시키고자 함이 아니오.

242. 욕망에는 필경 불행이 뒤따른다는 것을
    나는 알았소.
    이 욕망의 세상을 거부해 버린
    그 행복을 만끽하면서
    나는 부지런히 노력하며 나아갈 것이오.
    그지없는 마음의 저 평안 속에서.

** 스스로 '태양의 후예'라 칭하고 있기 때문에 여기에서는 태양 숭배의 흔
   적이 엿보인다. 중세 인도의 왕가들은 '태양의 후예'라 칭하는 왕가와
   '달의 후예'라 칭하는 왕가가 있었다.

2 _ 최선을 다하라

243. 니련선하*의 기슭에서
     니르바나를 체험하기 위하여
     나는 전력을 다하여 명상을 하고 있었다.

244. 그때 마라(악마)는
     동정어린 말을 하면서 나에게 다가왔다.
     고행자여, 그대는 몹시 야위었소.
     안색도 좋지 않소.
     그대에게 죽음이 가까이 오고 있소.

245. 고행자여,
     그대가 살아날 수 있는 가망성이란 전혀 없소.

---

* 니련선하(尼連禪河, Nairanjana) : 깨달음을 얻기 전 부처님이 목욕했던
  강 이름. 인도 비하르 주 부다가야(Buddhagaya) 주위를 흐르는 강. 필
  자가 이곳에 갔을 때는 물이 말라 있었다. 그러나 우기(雨期)가 되면 이
  마른 강은 홍수로 범람하게 된다.

어떻게 하든지 살아나도록 하오.

쇠똥에 굴러도 이승이 좋다는 걸 그대는 모르오.

이 목숨이 살아 있기 때문에

모든 선행을 할 수 있는 것이오.   .

246. 율법을 지키고 종교적으로 살아갈 때

그리고 번제의 불 속에

공물(供物)을 바치는 것이야말로

가장 좋은 공덕을 쌓는 것이 아니겠소.

그토록 힘들게 명상을 하며 노력하고 있는 것이

도대체 무슨 의미가 있단 말이오.**

** 마라(악마)는 지금 부처님께 형식적인 계율과 종교를 따를 것을 권하고
있다. 말하자면 당시 지나치게 형식적이며 권위주의에 눈이 어두워 타락
할 대로 타락한 브라만 사회를 거부하지 말고 그 일원이 되어 그냥 휩쓸
려 갈 것을 권하고 있다. 그냥 그럭저럭 살다가 그럭저럭 죽을 것을 권하
고 있는 것이다. 그러나 부처님은 단연코 이를 거부했다. 그렇다면 악마
란 무엇인가? 악마는 바로 부처님 자신의 마음속에 잠복해 있는 게으른
타성을 뜻한다. 우리 누구나의 마음 속에 잠복해 있는 자기합리화와 적
당주의를 뜻하는 것이다. 이를 객관화할 때 그것은 구체적인 형태를 가
진 하나의 검은 존재, 마라(악마)의 형태로 나타나는 것이다.

247. 노력의 길이란

가기 힘들고 실천하기 힘들고 도달하기 힘들다네.

「이 시를 읊고 난 마라는 부처의 곁에 와 섰다.」

248. 그러나 부처는 마라에게 이렇게 답했다.

오, 게으른 친구여, 이 간악한 자여,

그대가 여기에 온 목적은 무엇이오?

249. 그대가 말하는 그 좋은 공덕이란

그것이 아무리 좋다 하더라도

나에게는 더 이상 쓸모가 없소.

그런 것은 그런 것을 구하는 사람들에게

가서 말해 주오.

250. 나에게는 신념*과 노력,

그리고 어떤 것에도 흔들리지 않는 지혜가 있소.

———

* 열광적이며 미신적인 신앙이 아니라 진리만이 진실이라는 것을 굳게 믿
는 것.

이토록 진지하게 노력하고 있는 나에게
그대는 어째서 생에 대한 애착을 권하고 있소.

251. 불타는 이 바람**은 강물조차 말려 버릴 것이오.
니르바나를 얻기 위하여
이토록 노력하고 있는 내 몸의 피인들
어찌 마르지 않을 수 있겠소.

252. 몸의 피가 마른다면 쓸개도 마를 것이며
담도 메말라 버릴 것이오.
살이 빠지면 그럴수록 마음은 고요해지오.
그리고 나의 생각과 예지와 명상은
더욱더 견고해질 것이오.

253. 나는 이렇게 극심한 고통을
묵묵히 감수하고 있소.

—

** 고행으로 인하여 생기는 격렬한 호흡.

그러므로 내 마음은
어떤 욕망에도 끌려가지 않는다오.
보라, 내 존재의 이 순수를.

254. 그대의 제1군단은 욕망이며
제2군단은 혐오이며
제3군단은 기갈이며
제4군단은 집착이오.

255. 그리고 그대의 제5군단은 피로와 수면이며
제6군단은 공포심이요,
제7군단은 의혹이며,
제8군단은 위선과 고집,

256. 그리고 그릇된 방법으로 얻은 이익과 명성이며
자신을 칭찬하고 남을 경멸하는 것이오.

257. 이것들이 바로 그대의 전 병력이며
검은 마의 침공군이오.
그러므로 뛰어나게 용감한 자가 아니면
그대를 이겨낼 수 없느니.
그러나 용감한 사람은
그대의 공격을 이렇게 잘 막아내고 있소.

258. 슬프다, 이 삶이여.
그대에게 패배하고 사느니보다는
차라리 나는 저 죽음의 길을 택하겠소.

259. 훌륭하고 장한 수행자들마저
이 세상의 유혹에 빠져서
더 이상 그 모습을 볼 수가 없다.
그들은 진리로 가는 길을 알지 못한 채
이곳에서 저곳으로 헤매고 있소.

260. 저기 악마의 대 군단이
사방에서 쳐들어오고 있다.
나는 그의 군대를 맞아 기꺼이 싸우리라.
그는 결코 나를 지금 이곳으로부터
단 한 발자국도 물러서게 하지는 못할 것이오.

261. 악마여, 사람들도 저 신들마저도
그대의 군대를 격파할 수는 없지만
그러나 나는 지혜의 힘으로써
그대의 군단을 부술 것이오.
굽지 않은 질그릇을 돌로 쳐 깨 버리듯.

262. 생각을 다스리고 주의력을 모으면서
나는 이 마을에서 저 마을로 끝없이 걸어가리라.
가르침을 듣고자 하는 이들을 이끌어 주면서.

263. 욕망으로부터 벗어나서
그들은 나의 가르침을 적극적으로 실행하리라.

그들은 저 니르바나의 세계로 가리라.
슬픔과 고뇌가 더 이상 닿지 않는 저곳으로.

264. 이 말을 듣고 악마는 말했다:
나는 7년 동안이나 그대를 쫓아다녔소.
그러나 나는 그대에게서 어떤 허점도
발견할 수 없었소.
깨달음의 완벽한 경지에 이른 자여.

265. 어느 날 까마귀 한 마리가
큰 비계 덩어리 같은 바위 주위로 접근해 왔다.
까마귀는 바위 주위를 서성거리며 말했다.
"아, 참 맛있는 고깃덩어리가 있구나.
자, 어느 부분이 제일 연하고 맛있을까?"

266. 그러나 맛있는 먹이를 발견하지 못하자
까마귀는 멀리 날아가 버렸다.
바위를 먹이인 줄 알고 접근해 와서는

그만 날아가 버리는 저 까마귀처럼,
가자, 애들아, 저 부처에게서 떠나가자.

267. 슬픔에 찬 마라의 옆구리로부터
     힘없이 비파가 땅으로 떨어졌다.
     그와 동시에 마라를 따라왔던 마(魔)의 무리들도
     새벽의 어둠처럼 그렇게 쓸려가 버리고 말았다.

3 _ 말을 잘하는 비결

268. 가장 좋은 말을 하라. 이것이 그 첫 번째다.
     진리에 맞는 말을 하라. 이것이 그 두 번째다.
     남의 감정을 상하는 말을 하지 말라.
     이것이 그 세 번째다.
     진실을 말하라. 이것이 그 네 번째다.

4 _ 불을 섬기는 사람 순다리까

269. 나는 거룩한 사제도 아니요, 통치자도 아니다.
나는 서민도 아니며
또한 이 세상의 어느 계급에도 속하지 않았다.
그리고 나는 아무것도 가진 게 없지만
그러나 깊이 생각하면서 이 세상을 살아간다.

270. 마음을 언제나 넉넉하게 가지며
'내 것'이라는 이 집착을 모두 버린 사람,
그렇게 이 세상을 살아가는 사람에게
마땅히 공물을 바쳐야 한다.
복을 빌기 위하여 신에게 제사를 지내고자 한다면.

271. 욕망의 누더기를 벗어 버리고
훨훨 날듯이 살아가는 사람,
삶과 죽음의 이 끝을 통찰하여 편안에 돌아가서
맑고 푸르기가 저 호수와 같은 사람에게

순다리까여, 그대의 공물을 바쳐야 한다.

272. 니르바나를 체험하려는 열정을
포기하지 않는 사람,
주입식으로 배운 이 모든 논리나 이즘(主義)을
극복한 사람,
그리하여 그 어떤 것에도 붙잡히지 않는 사람은
당연히 공물을 받을 자격이 있다.

5 _ 젊은 마가의 물음

273. 마가 :
번영하는 사람은 누구이며
자유로운 사람은 누구입니까?
그리고 누가 속박을 당하고 있습니까?
어떻게 하면 인간은 좋은 곳에 가서
태어날 수 있습니까?

274. 스승:

마가여, 형편에 따라 남을 도와줘라.

도움을 청하는 사람을 기꺼이 도와줘라.

이렇게 올바른 일을 하는 사람은

기필코 좋은 곳에 가서 태어나게 될 것이다.

6 _ 방랑하는 구도자 사비야

275. 사비야:

집을 나온 수행자(비구)란

어떤 사람을 두고 하는 말입니까?

어떻게 하면 자비로운 사람이 될 수 있습니까?

자신을 절제하려면 어떻게 해야 합니까?

그리고 어떤 사람을 '깨달은 이(부처)'라 부릅니까?

276. 스승:

스스로 자신의 길을 만들어 감으로써

완전한 저 행복에 이른 사람,

의혹의 그물을 모두 걷어 버리고

생존과 소멸의 차원에서 떠난 사람,*

그리고 다시는 이 미망(迷妄)의 세계에

태어나지 않는 사람,

이런 사람을 일러

'집을 나온 수행자(비구)'라 한다.

277. 언제나 양보하고 생각이 깊기 때문에

그는 이 세상의 어떤 생명도 해치지 않는다.

존재의 흐름을 이미 건너

니르바나에 이른 그에게는

어떤 욕망이나 야망도 더 이상 있을 수 없다.

그리고 그에게는 한없이 퍼지는

자비의 마음이 있다.

---

* 이 탄생과 죽음의 법칙에서 해방된 사람, 즉 영혼의 영원한 삶을 체험한
사람, 유신론적인 입장에서 말한다면 신을 체험한 사람.

278. 존재의 소멸과 생성,
    그리고 이 모든 시간과 그 회전을
    깊이 통찰한 후에
    영혼의 오염된 상태로부터 자유로워진 사람,
    고뇌 속으로의 재탄생을
    철저히 파괴해 버린 사람,
    이런 사람을 일러 '깨달은 이'라 부른다.

279. 사비야 :
    어떤 사람을 '거룩한 수행자'라 합니까?
    '구도자'란 누구입니까?
    '깨끗한 사람'은 누구입니까?
    그리고 '죄 없는 사람'이란 어떤 사람입니까?

280. 스승 :
    이 모든 악(惡)을 물리쳐서 때묻지 않았으며
    마음을 잘 가다듬어 굳게 지켜 가는 사람,
    삼사라, 이 윤회(輪廻) 속을 통과한 후

완벽한 경지에 이르러 철저히 구애받지 않는 사람,
그를 일러 '거룩한 수행자'라 한다.

281. 편안하고 넉넉한 사람,
    선과 악을 모두 버린 사람,
    이승과 저승을 다 알아 버린 사람,
    그래서 삶과 죽음을 모두 정복해 버린 사람,
    이런 사람을 '구도자'라 한다.

282. 안으로나 밖으로나 모든 죄악을 씻어낸 후에
    시간에 지배되고 있는 신들(Demigods)과
    인간 속에 있으면서
    오히려 시간의 지배 속으로 들어가지 않는 사람,
    이런 사람을 '깨끗한 사람'이라 한다.

283. 이 세상에서 어떤 종류의 죄도
    더 이상 짓지 않는 사람,
    모든 속박을 내던져 버렸으므로

어떤 것에도 달라붙지 않는 사람,
이렇듯 자유로운 이를 일러
'죄 없는 사람'이라 한다.

7 _ 브라만 셀라 이야기

284. 당신은 보기에도 참 멋진 수행자입니다.
빛나는 피부를 가지신 당신이,
뛰어난 용모를 갖추신 당신이,
어째서 집 없는 수행자의 길을 택하셨습니까?

285. 당신은 전륜성왕이 되어야 합니다.
대군(大軍)을 호령하고 천하를 정복하여
전 세계의 지배자가 되어야 합니다.

286. 스승:
셀라여, 나는 분명히 황제다.

그러나 진리의 황제라는 것을 명심하기 바란다.

나는 오직 진리로써 온 천하를 다스릴 것이다.

그 누구도 반격할 수 없는 이 무적의 무기로……

8 _ 화살*

287. 인간의 목숨은 예측할 수 없고

　　　언제까지 살지 알 수도 없다.

　　　그리고 살아가는 동안에도

　　　괴로움은 언제나 그림자처럼 뒤따른다.

288. 살아 있는 존재는 죽음을 피할 수 없다.

　　　늙으면 이윽고 죽음이 오나니

　　　이것이 바로 살아 있는 것들의 운명이다.

―

* 어떤 사람이 아들을 잃고 난 후 7일간이나 음식을 먹지 않고 슬퍼하는
　것을 보고 스승은 그를 찾아가서 그의 슬픔을 달래 주기 위하여 이 가
　르침을 말했다고 한다.

289. 익은 과일은 빨리 떨어진다.
     이처럼 살아 있는 것들은 죽지 않을 수 없나니
     그들에게는 언제나 죽음의 검은 공포가 있다.

290. 제 아무리 잘 구워낸 도자기라도
     마침내 모두 깨어져 버리고 말듯
     인간의 목숨 또한 이와 같은 것.

291. 젊은이도, 늙은이도,
     어리석은 자도, 현명한 자도,
     죽음 앞에는 모두 무릎 꿇는다.
     모든 사람은 반드시 죽게 된다.

292. 사람들은 죽음에 붙잡혀서
     저 세상으로 가고 있지만
     그러나 아버지도 그 아들을 구할 수 없고
     친척도 그 친척을 구할 수 없다.

293. 보라, 친척들이 지켜보며 슬퍼하는 가운데
     사람들은 도살장으로 끌려가는 소처럼
     하나씩 하나씩 사라져 가고 있다.

294. 이처럼 사람들은 죽음과 늙음의 해를 입는다.
     그러므로 현명한 사람은 이를 잘 알아서
     무작정 슬퍼하지 말아야 한다.

295. 우리는 온 곳도 모르고 가는 곳도 모른다.
     탄생과 죽음의 이 양 끝을 모르면서
     왜 그리 구슬피 울고만 있는가.

296. 어리석음에 붙잡혀 자신만을 해치고 있는 사람이
     슬피 우는 것으로써
     무슨 이익을 얻을 수 있었다면
     현명한 이도 또한 그렇게 했을 것이다.

297. 슬피 우는 것만이 문제의 해결책은 아니다.
　　　울면 울수록 거기 괴로움만 따를 뿐,
　　　몸은 점점 더 야위어 간다.

298. 슬퍼하면 그럴수록 몸은 야위고 추하게 되나니
　　　운다고 해서 죽은 사람이 되살아나는 것도 아니다.
　　　그러므로 슬퍼하고만 있는 것은
　　　아무런 이익이 없다.

299. 언제까지나 언제까지나 슬픔에 젖어 있으면
　　　괴로움만이 괴로움만이 더할 뿐이다.
　　　죽은 사람을 위해 지나치게 슬퍼하는 것은
　　　가는 슬픔을 또다시 부르는 짓이다.

300. 보라, 사람들은 자기가 지은
　　　그 업(業)에 따라 죽어가고 있다.
　　　살아 있는 것들은 모두 죽음의 포로가 되어
　　　저렇듯 공포와 두려움에 떨고 있구나.

301. 사람들은 여러 가지로 생각해 보지만
그러나 그 결과는 처음 뜻과는 전혀 다르다.
사라져 가는 것의 운명이란 모두 이와 같으니
이를 가슴 깊이 새겨야 한다.

302. 우리가 비록 백 년을 넘게 산다 해도
마침내 친지들을 떠나서
이 생명을 버려야 할 날이 온다.

303. 그러므로 훌륭한 이의 가르침에 귀를 기울여라.
사람이 죽어 없어지는 것을 보면
'그는 이미 우리의 힘이 미칠 수 없는 곳으로 갔다.'
이렇게 생각하고 그 슬픔을 거둬야 한다.

304. 집에 붙은 불을 물로 꺼버리듯
지혜롭고 현명한 사람은
슬픔이 이는 것을 재빨리 꺼버린다.
바람이 솜을 저 멀리멀리 날려 보내듯.

305. 자신의 진정한 행복을 추구하는 사람은
번뇌의 화살을 뽑아 버려야 한다.
비탄과 고뇌와 불만에 찬 그 화살을.

306. 이 화살을 뽑아 버린 사람은
그 어떤 것에도 의존하는 일 없이
마음의 평화를 얻게 될 것이다.
그리고 이 모든 슬픔을 극복한 다음
더없는 저 축복의 경지에 이르게 될 것이다.

9 _ 젊은이 바세타

307. 바세타:
이 세상의 눈으로서 오신 당신,
부처님께 묻습니다.
브라만* 혈통에서 태어남으로써 브라만이 됩니까?
아니면 그 행위에 의해서 브라만이 됩니까?

우리로 하여금 이를 분명히 알 수 있도록
친절한 가르침을 내려 주시기 바랍니다.

308. 스승:
몸을 가지고 태어난 생물에게는
모두 그들의 종에 따라 현격한 차이가 있지만
그러나 인간에게는 이 같은 차이가 있을 수 없다.
그러므로 인간과 인간 사이에 차별을 두는 것은
다만 그 명칭에 의해서일 뿐이다.

309. 그의 혈통 때문에, 출신 성분 때문에,
나는 결코 그를 브라만이라 부르지 않는다.
그는 아마 부자일지도 모른다.
그러나 아무것도 가진 게 없는 사람,
그러면서도 전혀 집착의 마음이 없는 사람을
나는 진정한 브라만이라 부른다.

---

* 브라만 : 인도의 사성계급 가운데 최고의 계급.

310. 이 모든 속박을 끊어 버리고
두려움에 떨지 않는 사람,
구속을 모두 털어 버린 사람,
그런 사람을 나는 진정한 브라만이라 부른다.

311. 증오심과 애착,
그리고 잘못된 철학적 견해를 놓아 버리고
무지(無知)를 부숴 버린 사람,
그런 사람을 나는 진정한 브라만이라 부른다.

312. 특별한 잘못도 없는데
비난을 받거나 구타당하고
심지어는 구속되는 일이 있더라도
이를 능히 참고 견딜 줄 아는 사람,
어떤 비바람에도 결코 흔들리지 않는 사람,
그런 사람을 나는 진정한 브라만이라 부른다.

313. 분노로부터 자유로운 사람,
     고행을 몸소 실천하고 욕망을 더 불리지 않으며
     감각을 잘 다스리는 사람,
     영혼의 방황이 이생으로써 끝나는 사람,
     이런 사람을 나는 진정한 브라만이라 부른다.

314. 세속인과 출가수행자,
     그 어느 쪽에도 소속되지 않고
     집 없이 떠도는 저 사람,
     바람이 적은 저 방랑의 고행자를 일러
     나는 진정한 브라만이라 부른다.

315. 강한 것이든 약한 것이든
     살아 있는 일체의 것에 대해서
     폭력을 휘두르지 않으며
     죽이지도 않고 죽임을 당하지도 않는 사람,
     이런 사람을 나는 진정한 브라만이라 부른다.

316. 김이라는 성씨와 아무개라는 이름은
    임시로 붙여진 명칭에 지나지 않는다.
    그대가 이 세상에 태어났을 때
    그대 부모들이 의견을 모아
    임시로 붙여준 성명 석 자(三字)에 지나지 않는다.

317. 그러나 이름이란
    임시 명칭에 지나지 않는다는 것을
    아직 알지 못하고 있는 사람들은
    오랫동안 그릇된 편견에 사로잡혀 있다.
    무지한 그들은 이렇게 말하고 있다.
    "인간이란 그 출신 성분에 따라
    브라만이 되는 것이다."

318. 출신 성분에 의해서
    브라만이 될 수 있는 것도 아니며
    출신 성분에 의해서
    브라만이 될 수 없는 것도 아니다.

인간은 그 행위에 의해서
브라만이 될 수도 있고
또한 그 행위에 의해서
브라만이 될 수 없을 수도 있다.

319. 행위에 의해서 농부가 될 수도 있고
엔지니어가 될 수도 있다.
행위에 의해서 장사치가 될 수도 있고
고용인이 될 수도 있다.

320. 행위에 의해서 도적이 될 수도 있고
군인이 될 수도 있다.
행위에 의해서 제관이 될 수도 있고
통치자가 될 수도 있다.

321. 이같이 현자는
인간의 모든 행위를 있는 그대로 보고 있다.
그는 인과법칙을 보며

인간의 모든 행위와 그 결과를 알고 있다.

322. 행위에 의해서 이 세상은 존재하며
행위에 의해서 인간이 존재하는 것이다.
그리고 살아 있는 뭇 존재는 또
이 행위 때문에 구속당하고 있는 것이다.
앞으로 굴러가는 수레가 그 축(軸)에 매여 있듯.

323. 고행에 의해서 구도적인 삶에 의해서
그리고 자신의 수련과 절제에 의해서
인간은 가장 훌륭한 브라만이 되는 것이다.

324. 옛 성인들이 남긴 그 진리에 통달한 사람,
조용한 그 마음속에
생존에 대한 집착이 모두 말라버린 사람,
바세타여,
이런 사람이야말로
가장 훌륭한 브라만이 아니겠느냐.

10 _ 비난하는 사람 꼬깔리야

325. 인간이 이 세상에 태어날 때
그의 입 속에서는 도끼도 함께 태어난다.
어리석은 자는 악한 말을 함부로 지껄여서
그 도끼로 그 자신을 찍는다.

326. 마땅히 비난해야 할 사람을 칭찬하고
칭찬해야 할 사람을 비난하는 자는
그의 입 속에 죄악만 가득 쌓고 있다.
이 죄악 때문에
그는 결코 진정한 기쁨을 찾을 수 없다.

11 _ 홀로 가는 수행자 날라까

327. 날라까:
아시타의 예언은 오늘 비로소 이뤄졌습니다.

그리하여, 이 모든 것(진리)을 다 알고 계신
당신에게 묻습니다.

328. 성자여,
저도 집 없이 떠도는 수행자가 되고자 합니다.
가장 높은 경지, 당신이 다다른 그 지혜의 경지를
저에게 말해 주십시오.

329. 스승:
젊은이여,
지금부터 그대에게
그 지혜의 경지를 말해 주리라.
이는 가기 어렵고 가서 이르기 어렵나니
자, 그것을 그대에게 말해 줄 테니
꿋꿋이 서서 확고한 신념을 가져야 한다.

330. 비난을 받아도, 존경을 받아도
절대로 침착성을 잃지 말아야 한다.

욕을 먹어도 분노가 일지 않도록 주의하고
존경을 받더라도 결코 우쭐대지 말아야 한다.

331. 비록 숲 속에 앉아 있더라도
      타오르는 불꽃처럼 갖가지 유혹이 나타나느니
      특히 여자는 수행자의 마음을 흔든다.
      그녀들로 하여금 수행자를 유혹하지 못하게 하라.

332. 모든 종류의 감각적인 기쁨을 뒤로하라.
      약한 존재거나 강한 존재거나를 불문하고
      살아 있는 모든 것에게 적대감을 갖지 말라.
      그리고 어떤 것에도 애착을 두지 말라.

333. '그는 나와 같고 나 또한 그와 같다'고 생각하라.
      다른 사람을 자기 자신과 동일하게 생각해서
      살아 있는 것을 죽여서는 절대로 안 된다.
      또한 남을 시켜 죽이게 해서도 안 된다.

334. 눈먼 사람은
  욕망과 탐욕에 빠져 죽자 사자 하고 있지만
  그러나 눈뜬 이는 그것을 버리고
  진리의 길을 향해 나아간다.
  건너가라, 현세의 이 지옥*을 어서 건너가라.

335. 위장을 비워 둬라. 음식을 너무 많이 먹지 말라.
  분에 넘치게 바라지 말라. 탐을 내지 말라.
  욕망을 충족시키기 위하여
  에너지를 너무 낭비하지 말라.
  지나친 야망을 품지 않는 사람은
  결과적으로 행복한 삶을 살아가게 될 것이다.

336. 수행자는 탁발을 끝낸 후**
  숲으로 돌아가야 한다.

---

* 이 세상에서의 잘못된 삶과 거기에 따른 집착을 말한다.
** 당시 인도의 풍습으로는 수행자는 마을로 가서 밥을 구걸(탁발)하며 살
   아가도록 되어 있었다. 그러므로 평상시는 마을 가까운 숲에서 수행을

숲 속의 나무 밑으로 가서 조용히 앉아야 한다.

337. 그리고 명상에 전념하라.
숲에서 너 자신의 진정한 즐거움을 찾도록 하라.
나무 밑의 명상을 통해서
너 자신의 행복을 찾도록 하라.

338. 홀로 가는 저 수행자를 보살펴 줘라.
구도의 길은 철저히 홀로 가는 것이다.
진정한 기쁨은 홀로일 때만이 가능하다.

339. 그렇게 하면 그는 온 누리에 빛나게 될 것이다.
욕망을 버리고 명상에 열중하고 있는

하다가 밥때가 되면 마을로 내려가서 탁발을 했던 것이다. 스리랑카, 미
얀마, 태국과 같은 소승불교권에서는 지금도 이 탁발의 풍습이 그대로
지켜져 내려오고 있다. 그러나 우리나라의 길거리에서 흔히 볼 수 있는
탁발동냥은 밥을 얻는 이 수행으로서의 탁발과는 엄연히 구별돼야 한
다. 그리고 이에 따른 부작용, 비현실감 등등은 지금 여기에서 논할 성질
의 것이 아니다.

저 현자의 이름을 듣는다면
나의 가르침을 따르는 제자들은
더욱 겸손해질 것이며
그 믿음이 깊어지게 될 것이다.

340. 여기 깊은 강물과 얕은 개울물이 있다.
바닥이 얕은 개울물은 소리를 내지만
그러나 깊은 강물은 조용히 흐른다.

341. 부족한 것은 소리를 내지만
그러나 가득 차게 되면 조용해진다.
어리석은 자는 물이 반쯤 담긴 물병과 같고
지혜로운 이는 물이 가득 담긴 연못과 같다.

342. 수행자가 진리에 맞는 말을
열심히 하고 있는 것은
스스로 알고 있는 바를
남에게 가르치기 위해서이다.

스스로 알고 있는 많은 것을
다른 사람들에게 가르치기 위해서이다.

343. 그러나 알면서도 자기 자신을 잘 절제한다면,
진리를 이미 알고 있으면서
많은 말을 하지 않는다면,
그는 아주 지혜로운 현자다.
이런 현자는 지혜의 절정을 체험한 사람이다.

12 _ 두 가지 고찰

344. 고통(苦)이 무엇인지 알지 못하고
고통의 원인(集)이 무엇인지도 알지 못하고
또 고통의 완전한 소멸(滅)을 알지 못하고
이 고통의 소멸에 이르는 길(道)이
무엇인지를 알지 못하는 사람들.

345. 그들은 사고(생각)에서의 해방과
     지식에서의 자유를 얻지 못했다.
     그리고 영혼의 방황에서 헤어나지 못했으니,
     그들은 탄생과 소멸을 길이 계속하게 될 것이다.

346. 그러나 고통이 무엇인지를 알고
     고통의 원인이 무엇인지도 알고
     또 고통의 완전한 소멸을 알고
     이 고통의 소멸에 이르는 길이
     무엇인지를 알고 있는 사람들.

347. 그들은 사고에서의 해방과
     지식에서의 자유를 얻었다.
     그리고 영혼의 방황에서 벗어났으니
     그들은 탄생과 소멸을
     더 이상 계속하지 않을 것이다.

【 물질에 대한 두 가지 고찰 】

348. '모든 고통은 물질로부터 시작된다.'
이것이 그 첫 번째 고찰이다.
그러나 '물질에 대한 집착이 완전히 없어지면
고통도 또한 사라진다.'
이것이 그 두 번째 고찰이다.
모든 고통은 결국 물질 때문에 시작된다.
그러므로 물질에 대한 집착을 없애 버리면
고통은 더 이상 있을 수 없다.

349. 물질로부터 솟아 나오는 이 고통을 보라.
이 불행을 보라.
물질의 소멸을 통해서,
물질에 대한 욕망의 소멸을 통해서
고통의 소멸은 가능하나니
이를 정확히 알아야 한다.

350. 보는 눈이 올바르고 견해가 정확한 현자들,
     진리를 아는 저 성인들은
     악마의 속박을 모두 끊어 버리고
     다시는 미한 이 생존 속으로 태어나지 않는다.

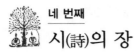

네 번째
시(詩)의 장

1 _ 욕망

351. 욕망을 충족시키고자 갈망하던 사람이
     모든 일이 뜻대로 되어
     그가 바라던 바가 이루어지게 되면
     그는 몹시 기뻐할 것이다.

352. 그러나 욕망을 충족시키고자 애를 썼으나
     일이 뜻대로 되지 않고
     바라던 바를 전혀 이룰 수 없게 되면
     그는 화살에 맞은 것처럼 신음하며

괴로워하게 될 것이다.

353. 숲 속을 가면서
     뱀의 머리를 밟지 않도록 조심하듯
     매사에 신중히 생각하며 주의하는 사람은
     마침내 욕망을 정복할 것이다.

354. 그러므로 언제 어디서나 정신 차려서
     이 모든 욕망을 비켜 가야 한다.
     배에 고인 물을 퍼내듯
     이 모든 욕망을 버리고 거센 이 물결을 건너
     니르바나 저 언덕으로 가라.

2 _ 동굴

355. 컴컴한 동굴(육체) 속에만 박혀 있는 사람은
     죄악의 보자기에 싸이고 착각 속에 빠져 있다.

이런 사람은 진리의 삶으로부터 멀리 떨어져 있으니
이 세상에 살면서 욕망을 버린다는 것은
그렇게 쉬운 일이 아니다.

356. 이 생존의 쾌락에 갇혀 있는 사람은
영혼의 자유를 얻기 어렵다.
진정한 영혼의 자유는
남이 줄 수 있는 것이 아니기 때문이다.
그는 앞날이나 지난 과거를 되돌아보면서
눈앞의 욕망을 탐하고 있다.

357. 그는 욕망에 미쳐 거기 빠지면서
인색하고 옳지 못한 곳에 머물러 있다.
그러나 죽을 때는 고통에 휘말려 비탄해 한다.
'이렇게 죽게 되면 나는 도대체 어떻게 되는가' 하고.

358. 그러므로 우리는 이 가르침을 따라야 한다.
무엇이 사악한 것인가를 알았으면

그 사악한 짓을 해서는 결코 안 된다.
"인간의 목숨은 짧다."고
현자들은 말했기 때문이다.

359. 사람들은 모두 생존에 대한 집착에 붙잡혀서
두려워 떨고 있는 것을 나는 봤다.
비열한 사람들은
생존에 대한 집착에서 벗어나지 못하고
죽음의 문 앞에 와서 슬피 울고 있다.

360. 물이 말라 가는 연못의 고기와 같이
그는 아집에 사로잡혀 떨고 있다.
그러므로 '내 것'이라는
이 소유의 생각을 지워 버려라.
생존에 대한 이 모든 애착을 털어 버려라.

3 _ 악의

361. 악의를 품고 남을 비난하는 사람들이 있다.
      남에게서 들은 말을 정말이라 믿고
      남을 욕하는 사람들이 있다.
      그러나 비난이 들려와도
      현자는 거기 가까이 가지 않는다.
      그러므로 현자는 어떤 비난에도
      그 마음이 동요되지 않는다.

362. 이 모든 사물에 대하여 편견을 갖고 있는 사람은
      곧잘 남의 입에 올라 비난을 받게 된다.
      그러나 편견을 전혀 갖고 있지 않은 사람을
      무슨 구실로 어떻게 비난할 수 있겠는가.
      움켜쥐지도 않고 거부하지도 않는 그를
      아아, 어떻게 비난할 수 있단 말인가.

4 _ 청정

363. "순수하고 가장 완벽한 사람을 나는 보았다.
　　　인간이 순수해지는 것은
　　　오직 그의 견해에 의해서이다."
　　　이렇게 신념을 굳혀 가는 견해야말로
　　　최상의 것이라고 말하는 사람은
　　　지혜의 심층부에 이르게 될 것이다.
　　　가장 순수한 것이 무엇이라는 것을
　　　깨닫게 될 것이다.

364. 형식이나 계율을 고집하는 사람들은
　　　생각을 많이 하면서 여러 가지 일들을 벌여 놓는다.
　　　그러나 예지로운 사람, 진리를 아는 사람은
　　　결코 여러 가지 잡다한 일을 벌이지 않는다.

365. 그는 이 모든 사물에 대하여
　　　본 것, 들은 것, 생각한 것으로부터

멀리 떨어져 있다.
그러므로 이 세상의 어느 누구도
그를 오염시킬 수는 없다.
진리를 본 사람,
당당하게 자기의 길을 가고 있는 그를.

366. 진정한 수행자는 번뇌를 벗어난다.
자신이 알거나 보아 온 어떤 것에도
집착의 마음이 전혀 없다.
그는 욕망에 끌려가지도 않고
또 욕망을 거부하지도 않는다.*
"이것이야말로 가장 값진 것이다."라고
이 세상에서
그가 고집할 수 있는 것은 아무것도 없다.

---

* 욕망에 사로잡히지도 않고, 또 무지하게 욕망을 없애 버리려고 한 그 결과 욕망을 없애려는 생각에 사로잡히지도 않고….

5 _ 최상

367. 사람들은 모두
자기가 좋아하는 견해를 주장하면서
이렇게 말하고 있다.
"이 견해야말로 이 세상에서 가장 높은 철학이다.
이것 이외의 다른 견해는 별 가치가 없다."
그러나 이것 때문에 그는
논쟁의 차원을 벗어날 수 없는 것이다.

368. 어떤 한 가지 견해나 입장에 근거하여
'이것 이외에는 모두 별 가치가 없는 것들'
이라고 본다면
이는 진리의 길을 가는 데 장애가 된다고
진리에 이른 현자들은 말했나니.
그러므로 수행자는 보고 듣고 배우고 사색한 것,
또는 계율이나 도덕에만
너무 사로잡혀서는 안 된다.

369. 그는 자신의 견해(先入見)를 모두 버렸으므로
학식에도 특별히 의지하지 않는다.
사람들은 갖가지 다른 견해로 나눠져 있지만
그러나 그는 어느 당파에도 소속되지 않는다.
그리고 어떤 견해라도
그 견해를 그대로 받아들이지 않는다.

370. 그는 어떠한 일방적인 주장도 인정하지 않으며
어떤 한 가지 입장도 특히 중요시 여기지 않는다.
그는 어떤 교리나 학설도 인정하지 않으며
또한 계율이나 도덕에도 굴복하지 않는다.
그는 이미 니르바나 저 언덕에 다다랐으므로
다시는 이 생존 속으로 들어오지 않는다.

6 _ 늙음

371. 아아, 인간의 목숨이여,
     백 년도 못 채우고 죽는 것을.
     비록 백 년을 넘어 산다 해도
     늙고 쇠하여 마침내 죽고야 마는 것을.

372. '이것은 내 것'이라고 집착한 그 물건 때문에
     사람들은 슬피 울고 있다.
     '내 것'이라고 생각한 것은
     영원히 내 것일 수 없기 때문이다.
     이 세상은 끊임없이 변해 가고 있나니
     이를 알고 어서 구도자의 길을 떠나라.

373. '이것은 내 것'이라고 생각하는 그 물건은
     그 물건의 주인이 죽음으로써 효력이 없어진다.
     그러므로 구도자들은 이를 잘 알아서
     '내 것'이라는 이 소유의 관념에만

너무 잡히지 말아야 한다.

374. 꿈속에서 만난 사람은
눈을 뜨면 다시는 볼 수 없다.
사랑하는 사람이 죽어 이 세상을 떠나게 되면
이제 두 번 다시 그를 볼 수 없게 되리라.

375. 나는 '아무개'라고 제법 목에 힘을 주던 사람들도
가을 잎 지듯 그렇게 죽고 나면
그의 이름만 뒤에 남아 홀로 떠돌 것이다.

376. '이것은 내 것'이라고
두 눈이 벌겋게 설치는 사람들은
근심과 걱정, 그리고 고통과 인색함에서
영원히 헤어나지 못한다.
그러므로 저 모든 현자들은
소유를 버리고 집 없이 떠돌면서
니르바나, 저 언덕으로 가는 것이다.

377. 진정한 수행자는 집착의 마음이 없이 떠돌면서
　　　외롭고 쓸쓸한 은둔자의 삶을 익혀야 한다.
　　　이 생존 속으로 자기를 나타내 보이지 않는 것이
　　　수행자가 가야 할 최상의 길임을 명심하라.

378. 현자는 어떤 것에도 머무르지 않으며
　　　사랑하지도 않고 미워하지도 않는다.
　　　슬픔과 인색함이 이제 그를 더럽힐 수 없다.
　　　연잎 위의 물방울이
　　　결코 연잎을 더럽힐 수 없는 것같이.

379. 저 연꽃이 진흙물에 더럽혀지지 않듯
　　　현자는 보고 배우고 사색한 어떤 것에도
　　　결코 오염되지 않는다.

380. 죄악을 모두 쓸어 없애 버린 사람은
　　　보고 배우고 사색한 어떤 것에도 집착하지 않는다.
　　　그는 또한 다른 방법을 통해서

정화되려고도 생각지 않는다.

그는 탐내지도 않으며, 탐(貪)에서 떠나지도 않는다.

7 _ 구도자 티사메티야

381. 구도자 티사메티야가 말했다 :

친구여,

마이뚜나*를 너무 밝히는 자의 파멸을 말해 주게.

자네의 말을 듣고 나서

나 또한 은둔의 삶을 택하고자 하네.

382. 스승의 대답 :

친구여, 마이뚜나를 너무 밝히는 자는

마침내 진리의 가르침을 잃어버리고

사악한 길로 접어들게 되나니

---

* 마이뚜나 : 방사(房事), 성행위

이는 그 자신 속에 잠재해 있는
비열한 근성 때문이다.

383. 지금까지는 홀로 수행자의 길을 잘 가다가
마이뚜나의 유혹에 그 자신을 맡기는 사람은
마치 달리던 차가 그 길에서 빗나간 것과 같다.
사람들은 그를 비열한 인간,
속된 인간이라 부르나니.

8 _ 파수라

384. "이것만이 진리다."라고
자기 입장만을 고집하며
말싸움을 거는 사람이 있다면
그에게 이렇게 말하라.
"그대가 아무리 말싸움을 걸어 와도
그대를 상대해 줄 사람은 여기에 없다."

385. 또 모든 대립의 차원에서 벗어나

어떤 견해와도 서로 충돌하지 않는 사람들이 있다.

그러므로 그들과는 어떤 말싸움도 할 수가 없다.

이것이야말로 최상의 것이라고 고집할 수 있는 것은

이 세상에 아무 것도 없다는 것을 명심하라.

9 _ 마간디야*

386. 스승:

마간디야여, 인간이 순수해지는 것은

교리에 의해서도, 학문에 의해서도,

그리고 지식이나 도덕에 의해서도 아니다.

교리가 없이도, 학문이나 지식이 없이도,

계율이나 도덕을 지키지 않음으로써

---

* 전하는 말에 의하면 부처님이 사위성에 있을 때 마간디야라는 브라만
이 자기의 딸을 데리고 와서 부처님의 아내로 삼아달라고 간청했을 때
그는 이와 같이(835~847) 말했다고 한다.

순수해질 수 있는 것도 또한 아니다.

긍정도 하지 말고 부정도 하지 말며

어떤 것도 고집하지 말고 어떤 것에도 구애되지 말라.

그 어디에도 의존하지 말고 조용히 가야 하며

생존에 대한 욕심을 갖지 말아야 하느니

이것이 바로 '내적인 평화'에의 길이다.

387. 마간디야 :

"교리에 의해서, 학문에 의해서,

그리고 지식이나 계율,

도덕에 의해서도 순수해질 수 없으며,

교리가 없어도 학문이 없어도

그리고 지식이나 계율, 도덕이 없어도

또한 순수해질 수 없다."고 말하는 것은

매우 어리석은 가르침이라고 나는 생각한다.

왜냐하면 "철학적인 사고(교리)에 의해서

인간은 다시 순수해질 수 있다."고

어떤 사람들은 생각하고 있기 때문이다.

388. 스승:

마간디야여, 그대는 지금 그대 자신이 따르고 있는
교리에 입각해서 묻고 있기 때문에
편견에 사로잡혀 있고 미망에 빠져 있는 것이다.
그러므로 그대는 이 '내적인 평화'에 대해서는
조금도 생각지 않고 있다.
그래서 그대는 지금 나의 가르침을
매우 어리석은 주장이라 생각하고 있는 것이다.

389. '이것은 동등하다, 이것은 뛰어나다,
이것은 저열하다.'
이렇게 생각하고 있는 사람은
그 생각 때문에 결국 논쟁에 휘말리게 될 것이다.
그러나 이 세 가지 생각에
전혀 동요되지 않는 사람,
그에게는 '동등하다, 뛰어나다, 저열하다'는
그런 생각이 전혀 없다.

390. 그런 그가 무엇 때문에
나의 입장만이 진실이라고 말하겠는가.
그리고 다른 이의 말은 모두 거짓이라고 비난하며
누구와 말싸움을 벌이겠는가.
'같다' 또는 '같지 않다'는
생각이 전혀 없는 사람에게
누가 말싸움을 걸겠는가.

391. 집을 나와 정처 없이 떠도는 사람,
세속적인 친교를 맺지 않는 현자는
이 모든 욕망을 떠나
미래의 생존마저 바라지 않고
다른 주장을 가진 이들과
논쟁을 벌이지도 않는다.

392. 진정한 수행자는 모든 편견에서 벗어나서
이 세상을 유유자적하며 살아가기 때문에
어떤 사람과도 말싸움을 벌이지 않는다.

저 진흙에서 자라난 연꽃이
물에도 진흙에도 더러워지지 않듯
그는 평화의 증인이며 욕심에서 벗어나
이 세상에도,
욕망에도 더 이상 오염되지 않는다.

393. 진리를 아는 사람은
견해나 사상에 대해서 자만심을 갖지 않는다.
그는 또한 종교적 행위에도 끌려가지 않으며
마음의 어떤 유혹에도 끌려가지 않는다.

394. 차별의 생각에서 벗어난 사람에게는
더 이상 속박이 있을 수 없다.
지혜를 통해서 자유를 얻는 사람에게는
미망이나 착각이 있을 수 없다.
그러나 편견을 고집하고 있는 사람들은
서로 충돌하면서 이 세상을 살아간다.

10 _ 죽음이 오기 전에

395. 무슨 생각을 하며 어떤 계율을 지키는 사람을
마음의 평화에 이르렀다고 말할 수 있는가?
고타마여,
그 최고의 인간에 관해 말해 주지 않겠는가?

396. 스승:
이 세상을 떠나기 전에
생에 대한 맹목적인 집착을 버리고
과거에도 방해받지 않고
현재에도 기대하지 않는다면
그는 미래에 대해서도
역시 지나치게 괴로워하지 않을 것이다.

397. 현자는 노여워하지 않고 두려워하지 않으며
뒤에 가서 후회하는
그런 잘못을 저지르지 않는다.

그리고 덜렁대지 않으며
말을 할 때는 신중히 생각한다.

398. 그는 미래에도 지나친 기대를 걸지 않으며
과거를 뒤돌아보며 슬퍼하지도 않는다.
그는 감각의 대상을 저만치 떨어져서 바라본다.
그리고 그는 어떤 편견에도 끌려가지 않는다.

399. 이 세상에서
내 것이라 할 수 있는 소유가 그에게는 없다.
그러나 그는 내 것이 전혀 없는
그 무소유를 결코 슬퍼하지 않는다.
그는 욕망에 이끌려
물질 쪽으로만 다가가지도 않는다.
그러므로 그는 이 세상에서 가장 편안한 사람이다.

11 _ 투쟁

400. 문:
    좋아하는 것에 대한 집착은 왜 시작됐는가?
    또 이 세상 도처에서 벌어지고 있는 저 권력투쟁은
    왜, 무엇 때문에 일어나고 있는가?
    인간이 내세에 관해서 품은 희망과
    그 희망의 성취는 무엇 때문에 일어나는가?

401. 답:
    좋아하는 것에 대한 집착 및 권력투쟁은
    모두 분에 넘치는 욕망 때문에 시작되었다.
    또 내세에 관한 희망과 그 성취도
    모두 그것(욕망) 때문에 일어나는 것이다.

12 _ 문답, 그 첫째

402. 사람들은 제각기 다른 견해를 고집하면서
서로 의견을 달리하여 싸우고 있다.
스스로 '진리를 아는 자'라 자칭하며
여러 가지 논쟁을 하고 있다.
"이것을 안 사람은 진리를 아는 자이며
이것을 비난하는 사람은 불완전한 자"라 말하면서.

403. 그들은 모두 이같이 각기 다른 견해를 품고서
"너(상대방)는 어리석은 자다.
아직 진리에 이르지 못했다."고 비난한다.
그들은 모두 "보라, 나야말로 진리를 아는 자"
라고 외쳐대고 있다.
그러나 그들 가운데 누구의 말이
과연 진실한 말이겠는가.

404. 자기 견해만을 고집하고
상대방의 견해를 전혀 인정하지 않는 자가
어리석은 자라면,
정말 저질스럽고 무지한 자라면,
각자의 편견만을 고집하고 있는 그들 자신이야말로
어리석은 자, 무지한 자가 아니겠는가.

405. 또한 자기 자신의 견해에 의해서
정화될 수 있다면,
진리에 이른 자, 예지로운 자가 될 수 있다면,
그들 가운데 지성이 없는 자는
어느 누구도 없을 것이다.
그러므로 그들의 견해는 그 점에서만은
모두 똑같이 완전한 것이 아니겠는가.

406. 어리석은 자들이
서로 상대방을 헐뜯는 말을 듣고
"이것이 바로 진실이다."라고 말하지 않는다.

그들은 오직 자기 자신의 견해만을
가장 진실한 것으로 보고 있다.
그러기에 그들은 상대방을
모두 '어리석은 자'라고 단정을 내리는 것이다.

407. 갑이라는 사람이
"그것은 진리다."라고 말하는 것을
을은 또 이렇게 뒤집고 있다.
"그것은 진리가 아니다."
이처럼 사람들은 서로 다른 견해를 가지고
도처에서 말싸움을 벌이고 있다.
왜, 무엇 때문에 수행자들조차
동일한 것을 동일하게 말하지 않고 있는가.

408. 진리는 하나요, 둘일 수 없다.
그러므로 진리를 안 사람은 다투지 않는다.
그러나 사람들은 제각기 다른 진리를 찬양하고 있다.
그러므로 모든 수행자들은

동일한 것을 동일하게 말하지 않는 것이다.

409. 스스로 진리를 알았다고 자처하는 사람들이
  왜 제각기 다른 진리를 말하고 있을까?
  그들은 그 각기 다른 진리를 남에게서 들은 것일까?
  아니면 그들 자신의 깊은 사색의 결과일까?

410. 이 세상에는 여러 가지로 다른 진리가
  영구히 존재하고 있는 것은 아니다.
  다만 사람들이 그것을 영구히 존재한다고
  상상하고 있을 뿐이다.
  그들은 모두 편견에 붙박여
  잡다한 생각들을 이리저리 굴려가면서
  "내 말은 진리요, 남의 말은 거짓이다."라고
  편협된 주장을 하고 있는 것이다.

411. 편견과 학문, 계율과 사상,
  이런 것에 근거하여 상대방의 주장을 멸시하면서

그들은 자신의 주장을 정당화하며 기뻐하고 있다.
"내 견해와 상반되는 자는
모두 어리석은 자, 무능한 놈"이라고 비웃으면서.

412. 자기와 반대 의견을 가진 자는
어리석다고 말하면서
자신을 진리에 이른 완성자로 간주하고 있다.
그는 스스로를 진리의 사도로 자처하면서
다른 사람을 눈 아래로 보고 그렇게 말하는 것이다.

413. 그는 그릇된 견해로 가득 차 있고
자기 위에는 도무지 사람이 없는 줄 알고 있다.
그리고 또 자신을 완벽하다고 여기며
자신을 현자라고 착각하고 있다.
그의 그런 잘못된 견해가
그 자신에게 있어서는
이렇듯 완전해 보이기 때문이다.

414. 만일 상대방이 자기를 어리석은 자라고
　　　말했기 때문에
　　　정말 어리석은 자가 되는 것이라면
　　　그렇게 말한 사람 자신도
　　　상대와 함께 역시 어리석은 자가 되지 않을 수 없다.
　　　또한 자신을 '진리를 아는 자'라고 칭한다면
　　　이 세상에 어리석은 자는
　　　단 한 사람도 존재하지 않을 것이다.

415. "나의 가르침 이외에
　　　다른 어떤 가르침을 이야기하는 사람들은
　　　모두 타락한 자, 불완전한 자들이다."라고
　　　이교도들은 이렇게 말하고 있다.

416. "나의 가르침만이 순수하다.
　　　이 외의 모든 가르침은 순수하지 않다."라고
　　　이교도들은 자신의 편견을 고집하면서
　　　아집과 독선을 다지고 있다.

417. 자신의 견해만을 굳게 고집하면서
     상대방을 어리석은 자라고 보고 있는가.
     "너는 어리석다. 너는 잘못되었다."
     상대방을 이런 식으로 얕잡아 보고 있는가.

418. 일방적으로 결정한 자신의 입장에 서서
     자기 자신을 뛰어나다고 생각했기 때문에
     그에게는 끝없이 말싸움이 일어난다.
     그러나 이 모든 편견을 버린다면
     그 누구도 그에게 말싸움을 걸지 않을 것이다.

13 _ 문답, 그 둘째

419. 이런 식으로 편견을 고집하면서
     "이것만이 진리"라고 말하는 사람들,
     그들은 모두 남들에게 비난을 받는다.
     또 일부의 추종자들은 그들과 동조하여

그들을 높이 추켜올릴 것이다.

420. 비록 칭찬을 받는다 해도 그것은 잠시뿐
     길이 편안함을 얻을 수 없다.
     논쟁의 결과는 결국 칭찬 아니면 비난,
     이 두 가지일 뿐이다.
     이런 이치를 잘 알아서
     그대들은 논쟁의 물결이 모두 자 버린
     니르바나 저 언덕을 향해 나아가라.
     어떤 경우에도 말싸움을 해서는 결코 안 된다.

421. 저속한 친구들이 품고 있는
     이들 세속적인 견해에
     지혜로운 이는 결코 가까이 가지 않는다.
     그들은 보고 들은 것에 대해서
     '이것이다'라고 단정하지 않기 때문에
     어떤 장애도 장벽도 있을 수 없다.

422. 계율만이 최고라고 여기고 있는 사람들은
"절제에 의해서만이 순결해질 수 있다."
이렇게 주장하고 있다.
그들은 스스로 '진리에 이른 자'라 자처하면서
유전하는 이 생존 속으로
다시 끌려들어오고 있다.

423. 혹 어쩌다가 계율을 어긴다면
그는 두려움에 떨면서 불안해 할 것이다.
"계율을 지킴으로써만이
순수한 경지에 이를 수 있다."고 부르짖으며
그는 몹시 비탄해 할 것이다.
동료들로부터 뒤처진 상인이
그 동료들을 찾아 헤매듯,
집을 나온 나그네가 객지를 떠돌면서
자나 깨나 고향집을 그리워하듯.

424. 그러므로 계율만을 너무 고집하지 말라.
나쁜 행위와 좋은 행위를 모두 버려라.
순수를 바라지도 말고 순수치 않음을 바라지도 말고
그 어떤 것에도 붙잡히지 말고 가라.
평화만을, 평화만을 너무 강조하지도 말라.

425. 극심한 고행을 통해서
또는 보고 듣고 사색한 것을 통해서
순수를 소리 높이 찬양하고 있지만
그러나 욕망에서 완전히 떠나지 않으면
변천하는 이 생존권을 벗어날 수 없느니.

426. 구함이 있는 곳에는 욕망이 있고
계획이 있는 곳에는 두려움이 있다.
그러나 삶도 죽음도 존재하지 않는 자*
그는 무엇을 두려워하겠는가.

—

* 삶에 대한 집착과 죽음에 대한 집착이 없는 자.

무엇을 더 바라겠는가.

427. 어떤 사람이 '최고의 가르침'이라 칭하는 것을
      또 어떤 사람은 '가장 낮은 가르침'이라 말하고 있다.
      그렇다면 이 중에서 누구의 말이 과연 진실인가.
      그들은 하나같이
      '나야말로 정말 진리에 이른 자'라 칭하고 있으니.

428. 그들은 자기의 가르침은 '완전하다'고 하며
      다른 사람의 가르침은 '비열하다'고 말하고 있다.
      그들은 이처럼 서로 다른 의견을 품고 논쟁을 하며
      제각기 자기의 가설을 진리라고 주장한다.

429. 남들이 비난하기 때문에 낮은 가르침이라면
      이 모든 가르침 가운데 뛰어난 가르침은
      단 하나도 존재하지 않을 것이다.
      대개 사람들은 자기의 가르침만을 굳게 주장하면서
      남의 가르침을 저질스럽다고 말하기 때문이다.

430. 그들은 자신의 길을 칭찬하는 것과 마찬가지로
자신의 가르침만을 높이 받들고 있다.
그렇다면 이 세상의 모든 가르침들이
그대로 진실일 것이다.
그들은 모두들 자신의 길만이
가장 순수하다고 주장하기 때문이다.

431. 진정한 수행자는
다른 사람에게 이끌려 가지 않는다.
또 이 모든 것에 대하여
단정을 내려 고집하지도 않는다.
그러므로 모든 논쟁을 초월해 있으며
그리고 다른 여러 가르침을
특별히 우러러 보지도 않는다.

432. '나는 알았다. 나는 이렇게 봤다'고 확신하는
이 견해로 하여 순수해질 수 있다고
어떤 사람들은 말한다.

그러나 그가 그렇게 봤다 하더라도
그것이 그대 자신에게 무슨 보탬이 된단 말인가.

433. 보는 사람은 명칭과 형태를 볼 것이다.
보고 나서는 그것들을
'영원하고 즐겁다'고 할 것이다.
그가 본 대로 그렇게 즐거워하도록 내버려 두라.
그러나 진리에 이른 사람은
결코 이를 인정하지 않는다.
"그것(보는 것)에 의해서 순수해질 수 있다."
이런 식으로는 결코 말하지 않았으니.

434. '나는 알았다. 나는 봤다'는 이것을
굳게 고집하고 있는 사람은
스스로가 만든 편견에 붙잡혀 있는 것이다.
그러므로 그를 거기에서 끌어낸다는 것은
여간 어려운 일이 아니다.
자신의 입장만이 타당하며

여기에만이 순수에 이르는 길이 있다고
끝끝내 고집하는 사람,
이런 사람을 일러
'한 쪽밖에 볼 줄 모르는 자(편견의 소유자)'라 한다.

435. 진정한 수행자는 시간의 속박을 받지 않으며
또한 생존의 제약을 받지도 않는다.
그는 어떤 견해에도 끌려가지 않으며
지식에도 결코 오염되지 않는다.
그리고 세상 사람들 사이에서 일어나는
저 갖가지 견해의 가시밭을
손쉽게 뚫고 지나가 버린다.
사람들은 너나없이
지식의 쟁취에 혈안이 되고 있지만
그러나 그는 이런 것에도 전혀 관심이 없다.

436. 현자는 이 세상의 모든 속박을 버렸으므로
논쟁이 일어나더라도

그 어느 편에도 가담하지 않는다.
불안한 무리들 속에 있으면서도
그는 오히려 편안하고 넉넉하다.
다른 사람들은 모두 집착의 늪 속에서
초조해 하고 있지만.

437. 그는 과거의 오염을 이미 버렸고
또 새로운 오염을 만들지도 않는다.
욕망에 이끌려 방황하지도 않으며
편견에 사로잡혀 떠들어대지도 않는다.
그는 모든 이 편견에서 벗어나 있으므로
더 이상 이 세상에 오염되지도 않으며
자신을 지나치게 꾸짖지도 않는다.

438. 보고 배우고 사색한 어떤 것에 대해서도
그는 절대로 적대감을 갖지 않는다.
그는 선입관념의 짐을 벗어 버렸다.
그는 더 이상 시간에 예속되지 않으며

죽음 앞에 무릎 꿇지도 않는다.
그는 더 이상 아무것도 바라지 않는다.

14 _ 빠름

439. 문:
태양의 후예인 당신에게 묻습니다.
은둔의 생활에 대해서
그리고 니르바나의 경지에 대해서 묻습니다.
수행자는 어떻게 해야만
이 세상에서 어느 것에도 집착하지 않고
니르바나 저 언덕으로 갈 수 있습니까?

440. 답:
'나는 지혜롭다'는
이 착각을 남김없이 잘라 버려라.
내적으로 일어나는 욕망을 모두 정복해 버려라.

그리고 언제나 생각을 깊게 가져라.

441. 안으로나 밖으로나 철저히 진리를 알도록 하라.
그러나 그로 하여 거만해서는 결코 안 된다.
진리에 도달한 사람들은
'그것이 축복'이라고는 말하지 않았다.

442. 자기 자신을 다른 사람보다
뛰어나다거나 못하다거나
또는 다른 사람과 동등하다고 생각지 말라.
사람들로부터 질문을 받을 때는
굳이 자신을 돋보이려고 애쓰지 말라.

443. 안으로 가득 차도록 하라.
밖으로만 편안을 구하지 말라.
안으로 가득 채워진 사람은
침착해야 할 것도, 거부해야 할 것도
더 이상 존재하지 않는다.

444. 바다, 저 깊은 곳에서는 파도가 일지 않듯
     그같이 수행자는 어떤 것에 대해서도
     욕망의 잔파도를 일으키지 말라.

445. 문:
     눈뜨신 분이여, 당신의 경험을 통해서
     이 모든 위험의 극복을 말씀해 주십시오.
     진리의 올바른 길을 일러 주십시오.
     자기 절제와 정신 집중에 대해서 말씀해 주십시오.

446. 답:
     눈으로 본 것을 탐하지 말라.
     저속한 말에 귀를 기울이지 말라.
     맛을 탐하지 말라.
     이 세상에 있는 어떤 것도
     내 것이라고 고집하지 말라.

447. 괴롭고 고통스러운 일을 당하더라도
     수행자는 결코 슬퍼해서는 안 된다.
     이 생존을 너무 탐하지 말고
     두려운 어떤 경우를 만나더라도 무서워하지 말라.

448. 음식이나 의복 등을 너무 많이 비축해 두지 말라.
     또 이것들을 충분히 갖지 못했다 하여
     지나치게 걱정해서도 안 된다.

449. 언제 어디서나 명상의 자세를 잃지 말라.
     그리고 되도록이면
     한적한 곳에 머물러 살아야 한다.

450. 잠을 너무 많이 자지 말라.
     매사에 최선을 다하라.
     언제나 깨어 있으라.
     게으름과 거짓을 버려라.
     쓸데없이 히히덕거리며 몰려다니지 말고

순수성을 잃지 말고 지나친 허세를 버려라.

451. 진정한 수행자는
점을 치거나 꿈을 해몽하지 않는다.
사주나 관상을 보거나 남의 운명을 가지고
이렇다 저렇다 왈가왈부하지도 않는다.

452. 수행자는 비난을 받아도 걱정하지 않고
칭찬을 받아도 우쭐대지 않는다.
수행자는 탐욕과 간탐과 분노,
그리고 거친 욕설을 하지 않는다.

453. 수행자는 사고파는 일에
지나치게 참견해서는 안 된다.
남들로부터 비난을 받지도 말고
아무하고나 함부로 교제하지도 말라.
이익만을 노리는 사람들과는
아예 말 상대도 해 주지 말라.

454. 수행자는 결코 거만해서는 안 된다.
     또 자신의 이익을 위해서
     은근히 선동하는 말을 하지 말라.
     그리고 불화(不和)를 가져오는 언행은
     되도록이면 삼가야 한다.

455. 빈말을 하지 말라.
     다 알면서도 사악한 짓을 해서는 안 된다.
     또 생활이나 지식, 도덕이나 계율에 관해서
     자신이 남보다 뛰어나다고 생각해서는 안 된다.

456. 수행자는 사람들로부터 온갖 욕설을 먹더라도
     불쾌한 표정으로 여기에 응해서는 안 되며
     거친 말로 마주 대꾸해서도 안 된다.
     진정한 수행자는 어떤 경우에도
     적대적인 대답은 하지 않는다.

457. 수행자는 이런 이치를 잘 알아서
언제나 깊이 생각하며 배워야 한다.
축복은 평화 속에 있다는 것을 늘 명심하고
스승의 가르침을 열심히 따라야 한다.

458. 그는 남을 정복한 승자가 아니라
자기 자신을 정복한 자기 자신의 승리자다.
그는 남에게서 들은 것이 아니라
스스로가 체험한 진리를 알고 있다.
그러므로 그는 언제나 스승의 가르침을
깊이 따르고 있다.

15 _ 무기에 대하여

459. 총칼을 잡으면서 두려움이 시작되었다.
보라, 서로 죽이고 있는 이 사람들을 보라.
지금부터 나는 이 비참한 일에 대하여

내가 아는 대로 말하고자 한다.

460. 물이 말라 가는 연못의 고기와 같이
사람들은 두려움에 떨고 있다.
그들은 서로가 서로의 목숨을 노리고 있다.
이를 보자 서늘한 공포가
거친 바람처럼 나를 휩쓸었다.

461. 이 세상은 그 어느 곳도 견고하지 않다.
보라, 모든 곳이 지금 지진대 위에서 흔들리고 있다.
영원히 살 수 있는 내 집을 찾아봤지만
그러나 그런 곳은 아무 데도 없었다.
죽음과 고뇌가 닿지 않는 곳은
이 세상 어디에도 존재하지 않았다.

462. 그 젊은이의 얼굴에
어느덧 주름살이 그어지는 걸 보고
나는 몹시 슬퍼졌다.

그리고 나는 보았다.
그의 심장 속에는
고통의 화살이 깊이 박혀 있음을.

463. 이 화살을 맞은 자는
동쪽에서 서쪽으로 마구 미쳐 날뛰고 있다.
그러나 이 화살을 뽑아 버리면
거친 바람은 자고
고요한 저 니르바나의 휴식이 온다.

464. 이 세상을 살아가자면 많은 것을 배워야 한다.
그러나 그 때문에 구속을 받아서야 되겠는가.
이 모든 욕망의 벽을 꿰뚫고
니르바나, 저 길을 향해 나아가라.

465. 수행자는 성실해야 한다.
거만하지 않고 거짓이 없으며
말을 악하게 해서도 안 된다.

증오하는 마음이 없으며
사악과 간탐을 멀리 벗어나야 한다.

466. 잠과 게으름을 정복하고
그 마음으로 하여금
니르바나 저 길을 향해 가게 하라.
무기력함에 빠지지 말고 자만에도 빠지지 말라.

467. 거짓에 끌려가지 말라.
겉모양에 유혹당하지 말라.
욕망을 꿰뚫고 지나가라.
폭력을 삼가면서 가라.

468. 옛것을 너무 좋아하지도 말고
새것에 지나치게 매혹당하지도 말라.
그리고 사라져 가는 것에 대하여
지나치게 슬퍼해서도 안 된다.
잡아끄는 자(妄執)에게 사로잡혀서도 안 된다.

469. 나는 그(잡아끄는 자)를 탐욕이라 부른다.
거센 격류라 부른다.
불안·초조, 근심·걱정이라 부른다.
건너기 어려운 저 욕망의 늪이라 부른다.

470. 진정한 수행자는 진실로부터 이탈하지 않으며
니르바나, 저 언덕에 굳게 서 있다.
일체를 버렸으므로 그는 진정한 평온에 이르렀다.

471. 그는 진리를 아는 자다.
그는 어떤 것에도 의지하지 않는다.
그는 이 세상에서 가장 인간다운 길을 가고 있다.

472. 이 세상의 뭇 욕망을 넘어선 사람,
극복하기 힘든 집착을 끊어 버린 사람은
이 생존의 흐름에 휩쓸려 가지도 않으며
속박되지도 않고 비탄해 하지도 않는다.
그리고 관념의 틀 속에 갇히지도 않는다.

473. 과거를 지워 버려라.
     미래에 끌려가지 말라.
     그리고 지금 현재에도 너무 집착하지 말라.
     그러면 그대의 행위는 지극히 평온해질 것이다.

474. 명칭과 형태에 대한 욕망이 없으며
     가진 것이 없다 해서 슬퍼하지 않는 사람,
     이런 사람은 영원히 시들지 않는다.

475. '이것은 내 것이다. 저것은 당신의 것'
     이런 생각이 전혀 없는 사람은
     소유의 관념이 없기 때문에
     가진 게 없어도 결코 비탄해 하지 않는다.

476. "그는 시샘하지 않는다.
     번뇌에 휘말려 고뇌하지 않는다.
     그는 모든 것에 대해서 평등하다."
     흔들리지 않는 사람에 대해 묻는다면

나는 기꺼이 이렇게 말하리라.

477. 욕심의 손아귀에서 벗어난 사람, 그에게는
어떠한 인위적인 면도 존재하지 않는다.
그리고 그는 이 모든 곳에서
더없는 행복감을 느낄 것이다.

478. 현자는 자기 자신이
자기와 동등한 무리들 속에 있다고도 말하지 않고
자기보다 수준 낮은 무리들 속에 있다고도
말하지 않으며
또한 자기보다 나은 무리들 속에 있다고도
말하지 않는다.
그는 평온한 곳에 이르렀으며
헛된 욕심의 꿈에서 깨어났다.
그러므로 그는 그 어떤 것이라도
붙잡거나 거부하지 않는다.

16 _ 사리불

479. 사리불이 말했다 :

어디에도 의지하지 않으며 영원하신 분,

그리고 교활하지 않은 스승으로서

이 세상에 오신 당신께 묻습니다.

고뇌의 밧줄에 묶인 이 사람들을 대신하여

그들의 언어로 당신께 묻습니다.

480. 수행자는 저속한 무리들과 휩쓸리는 게 싫어서

인적이 드문 곳이나 나무 밑,

그리고 묘지 부근을 좋아하며*

때로는 산의 동굴 속에 머물기도 합니다.

—

* 그 당시 수행자들은, 특히 불교 수행자들은 묘지나 화장터 부근을 명
  상의 최적지로 생각했다. 왜냐하면 그런 장소는 인간의 육체가, 일생 동
  안 아끼던 것이, 어이없이 썩거나 불에 타서 재가 되는 광경을 분명히 목
  격할 수 있기 때문이다. 그럼으로써 생존에 대한 이 집착에서 벗어날 수
  있는 계기를 포착할 수 있기 때문이다. 가려진 인간의 진실을 볼 수 있
  기 때문이다. 그래서인가. 지금도 인도나 네팔에 가면 강가 도처에서 시
  체를 내다 태우는 광경을 얼마든지 볼 수 있다.

481. 이 모든 곳에는 언제나
그 나름대로의 어떤 두려움이 있습니다.
그러나 수행자는 이런 적막한 곳에 있더라도
두려움에 떨어서는 안 된다는 것을 알고 있습니다.

482. 저 영원의 땅(니르바나)을 찾아가는 사람에게는
언제나 위험이 뒤따르게 마련입니다.
수행자는 멀리멀리 외딴 곳에 있더라도
이 모든 위험을 극복하지 않으면 안 됩니다.

483. 진리의 길을 가는 사람은
어떤 말을 해야 하며 어떤 행동을 해야 합니까?
또 그가 지켜야 할 계율과 맹세는
어떤 것이 있습니까?

484. 오직 자기의 길만을 가고 있는
현명하고 생각이 깊은 저 수행자는
어떻게 해야 마음에 묻은 먼지를

모두 털어버릴 수 있습니까?
금세공이 은(銀)에 묻은 은의 때를 벗겨내듯.

485. 스승의 답 :
저속한 무리들과 휩쓸리는 게 싫어서
인적이 드문 곳에 기거하며
깨달음을 체험하려는 사람이,
진리의 길을 가는 사람이 해야 할 것에 대해
사리불이여, 지금부터 나는
내가 아는 대로 그것을 말하리라.

486. 생각이 깊으며
분수를 지킬 줄 아는 현명한 저 수행자는
다음의 다섯 가지 공포에 떨어서는 안 된다.
파리와 모기, 뱀과 사악한 인간들,
그리고 네 발 짐승(맹수)에 대한 공포.

487. 이교도들을 두려워하지 말라.
그들의 세력이 불같이 치솟더라도
수행자는 오직 진리만을 추구하면서
이 모든 고난을 묵묵히 참고 견뎌야 한다.

488. 병고와 굶주림,
그리고 추위와 더위를 능히 참고 견뎌야 한다.
이런 것들이 사방에서 엄습해 오더라도
집 없는 구도자는
부디 용기를 잃지 말고 나아가야 한다.

489. 주지 않는 것을 빼앗지 말라.
헛된 말을 하지 말라.
약한 것이건 강한 것이건
살아 있는 이 모든 것에 대하여
언제나 사랑으로 대해야 한다.
그리고 마음의 동요를 느끼거든
악마의 무리라 생각해서

가차 없이 이를 버려야 한다.

490. 노여움과 오만에 지배되지 말라.
　　　이 두 놈을 뿌리째 뽑아 버려라.
　　　유쾌함과 불쾌함,
　　　이 두 가지도 극복하지 않으면 안 된다.

491. 지혜를 제일로 중요시하라.
　　　선을 사랑하라. 이 모든 위험을 뚫고 지나가라.
　　　외진 곳에 기거하면서
　　　모든 불편을 능히 참아야 한다.
　　　그리고 다음의 네 가지 걱정을 극복하라.

492. "무엇을 먹을까? 어디서 먹을까?
　　　어젯밤은 편안히 자지 못했다.
　　　오늘밤은 어디서 자야 하는가?"
　　　집을 버리고 진리의 길을 가는 사람은
　　　이 네 가지 걱정을 넘어서지 않으면 안 된다.

493. 적당한 때에 음식과 의복을 구하고
     얻은 것으로 만족해하라.
     수행자는 옷과 음식을 함부로 낭비하지 않는다.
     인가(人家)를 지날 때는 조심스럽게 갈 것이며,
     욕설을 먹더라도 거친 말로 대꾸하지 말라.

494. 아래만을 보면서 갈 것이요,*
     쓸데없이 돌아다니지 말라.
     명상에 전념할 것이며 언제나 깨어 있으라.
     마음을 편안히 갖고
     근심과 걱정과 분에 넘는 바람,
     그리고 지나간 일에 대하여
     지나친 후회는 삼가라.

---

* 이는 출가수행자가 지켜야 할 일반적인 유행법(遊行法, 걷는 법)이었다.
   아래만을 보면서 걷는 이유는 길 위에 기어가는 벌레들을 밟지 않으려
   는 것이다. 행여 벌레들을 밟게 되면 죄 없는 한 생명이 내 발 밑에 깔려
   죽기 때문이다.
   "생물들을 보호하기 위해서는 밤이나 낮이나 괴롭더라도 땅 위를 잘 살
   펴보면서 걸어가지 않으면 안 된다."《마누법전》(제6편 8).

495. 다른 사람에게 충고를 받으면
     진심으로 감사해 하라.
     같은 동료들에게 자기주장만 너무 앞세우지 말고
     감정을 다치게 말하지 말라.
     그때 그 장소에 어울리는 말을 할 것이며
     남을 헐뜯으려는 생각은 추호도 하지 말라.

496. 이 세상에는 다음의
     다섯 가지 순수하지 않은 것이 있으니
     조심스럽게 이것들을 제압하도록 하라.
     형상, 소리, 맛, 냄새, 감촉.
     이 다섯 가지에 대한 지나친 탐(貪)을 제압하라.

497. 수행자는 이것들에 대한 욕망을 절제하라.
     진리를 깊이 사색하고 정신을 집중해서
     무지(無知), 이 암흑을 제거하라.

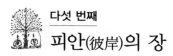

다섯 번째

피안(彼岸)의 장

1 _ 서시

498. 베다에 통달한 브라만 바바리는
　　　무소유의 경지를 얻기 위하여
　　　코살라 국의 수도, 사위성을 떠나
　　　남쪽으로, 남쪽으로 내려갔다.

499. 그는 고다바리 강의 언덕에 살고 있었다.
　　　이삭을 주워 먹고 나무열매를 따먹으면서….

2 _ 아지타의 물음

500. 아지타가 물었다 :

　　이 세상은 무엇으로 덮여 있습니까?

　　이 세상은 무엇 때문에 빛을 발하지 않습니까?

　　이 세상을 더럽히는 것은 무엇입니까?

　　이 세상에서 가장 큰 두려움은 무엇입니까?

501. 스승 :

　　아지타여, 이 세상은 무지로 뒤덮여 있다.

　　이 세상은 탐욕과 게으름 때문에

　　빛을 발하지 못하고 있다.

　　욕망이 이 세상을 더럽히고 있다.

　　고뇌야말로 이 세상에서 가장 큰 두려움이다.

3 _ 티사메티야의 물음

502. 티사메티야가 물었다:

이 세상에서 만족할 줄 아는 사람은 누구입니까?

흔들리지 않는 사람은 누구입니까?

양극단을 이미 다 알고 있으면서

이 양극단에도 중간에도 머물지 않는

지혜로운 저 사람은 누구입니까?

당신은 어떤 사람을 위대한 사람이라 부릅니까?

그리고 눈먼 바람을 넘어선 사람은

또 누구입니까?

503. 스승:

감각적인 기쁨에서 멀리 벗어나

눈먼 저 바람으로부터 자유로운 사람,

언제나 생각이 깊고 통찰력이 있는 사람,

이런 사람은 절대로 동요하지 않는다.

504. 그는 또 양극단을 다 알고 있으므로
    이쪽에도 저쪽에도,
    그리고 중간에도 머물지 않는다.
    나는 그를 '위대한 사람'이라 부르나니
    그는 이 세상에 살면서 눈먼 바람을 넘어서 있다.

4 _ 푼나까의 물음

505. 푼나까가 물었다:
    죄악의 근원을 보았으므로
    그 어디에도 동요하지 않는 당신께 묻습니다.
    사람들은 왜 그렇게 열심히
    신에게 제물을 바치고 있습니까?

506. 스승:
    푼나까여, 사람들이 신에게 제물을 바치는 것은
    다름이 아니라 늙은 뒤에까지도

지금과 같은 생존상태를 희망하고 있기 때문이다.
늙고 쇠약해지는 것을 두려워하고 있기 때문이다.

5 _ 메타구의 물음

507. 메타구가 물었다 :
고타마여, 당신에게 묻습니다.
당신은 진리의 체험자, 마음밭을 잘 가꾸신 분입니다.
이 세상의 갖가지 고뇌는
도대체 어디로부터 비롯된 것입니까?

508. 스승 :
메타구여, 그대는 지금 고통이 생겨나는
그 원인을 묻고 있다.
이 세상의 모든 고통은
집착 때문에 일어나는 것이다.

509. 무지하기 때문에 집착하게 되며
어리석기 때문에
또다시 그 고통 속으로 휘말려 들어간다.
그러므로 현명한 사람은 집착을 하지 않는다.
다시 태어남의 원인을 결코 만들지 않는다.

6 _ 도따까의 물음

510. 도따까가 물었다:
위대하신 분이여, 당신께 묻습니다.
당신의 가르침을 듣고
니르바나의 길을 가고자 합니다.

511. 스승:
도따까여, 지혜로운 자가 되라.
깊이 생각하고 부지런히 나아가라.
나의 이 가르침을 귀담아 듣고

저 니르바나의 길을 배워야 한다.

7 _ 우파시바의 물음

512. 우파시바가 물었다:
모든 것을 보신 분이여,
어떤 것에도 의지하지 않고
이 거센 물결을 나는 건너갈 수 없습니다.
이 거센 물결을 건너가는데
내가 의지해야 할 그것에 대하여 말해 주십시오.

513. 스승:
우파시바여,
생각을 깊이 하며 무소유를 향해 걸어가라.
'어떤 것도 존재하지 않는다'는 생각에 의지해서
저 거센 물결을 헤쳐 가라.
모든 욕망을 뒤로 하고 말싸움을 떠나서

니르바나, 저 절정을 밤낮으로 응시하라.

8 _ 난다의 물음

514. 난다가 물었다:
이 세상에는 많은 현자가 있다고
사람들은 말합니다.
당신은 어떤 사람을 현자로 보는지요.
지식이 해박한 사람을 현자라 합니까?
아니면 간소한 삶을 살아가는 사람을 일러
현자라 합니까?

515. 스승:
난다여, 진리에 도달한 이들은 이렇게 말했느니
"철학적 견해에 의해서
또는 학문이나 지식에 의해서는
결코 현자가 될 수 없는 법.

욕망의 군대를 격파했으므로
이제 더 이상 고뇌도 없고 헛된 바람도 없이
오직 그 자신의 길만을 묵묵히 가고 있는 사람,
이런 사람이야말로 진정한 현자인 것이다."

9 _ 헤마까의 물음

516. 깨달으신 이여, 욕망의 벽을 무너뜨릴 수 있는
      그 진리를 나에게 말해 주십시오.
      그 진리를 잘 관찰하고 깊이 생각하면서
      나는 오직 나 자신의 길만을 가고자 합니다.
      욕망의 이 거센 물결을 훨씬 넘어서.

517. 스승:
      헤마까여, 이 세상에서 보고 듣고
      생각하고 분별한 이 모든 것에 대하여
      불같이 타오르는 욕망을 제거하는 것이

니르바나, 저 불멸의 경지가 아니겠느냐.

518. 이를 잘 이해한 사람은 생각이 깊고 조용하다.
왜냐하면 그는 평화롭고 성스러운
저 진리를 보았기 때문이다.
그는 이제 이 세상에서 모든 집착을 훨씬 넘어서
있다.

10 _ 토데야의 물음

519. 토데야가 물었다 :
더 이상 욕망 속에 머물지 않으며
집착의 마음이 전혀 없는 사람,
그리고 이 모든 의혹을 극복한 사람에게는
어떤 종류의 해탈이 가능합니까?

520. 스승:

토데야여, 더 이상 욕망 속에 머물지 않으며
집착의 마음이 전혀 없는 사람,
그리고 이 모든 의혹을 극복한 사람에게는
더 이상 해탈이 필요치 않다.

11 _ 깝빠의 물음

521. 깝빠가 물었다:

무서운 격류가 밀려오고 있습니다.
물속에 잠겨 있는 사람들을 위해서
늙음과 죽음의 공포에 떨고 있는 사람들을 위해서
피난처를 일러 주십시오.
고뇌조차도 침범할 수 없는
저 영원한 섬을 말씀해 주십시오.*

---

* 인도의 갠지스 강 유역인 벵갈 지방과 오릿사 지방은 홍수가 나면 평원
전체가 물에 잠겨 버린다. 주위의 산이 전혀 보이지 않기 때문에 평원은

522. 스승:

깝빠여, 지금 무서운 격류가 밀려오고 있다.

그 물 속에 잠겨 있는 사람들을 위해서

늙음과 죽음의 공포에 떨고 있는 사람들을 위해서

나는 그대에게 섬(피난처)을 일러 주리라.

523. 어떤 것도 소유하지 않으며 집착하지 않고

붙잡으려 하지도 않는 것,

이것이 바로 가장 안전한 섬이다.

이것이 바로 니르바나이며,

늙음과 죽음의 소멸이다.

524. 이를 잘 아는 사람은 생각이 깊고 조용하다.

그는 진리를 체험했으므로

더 이상 악마에게 복종하지 않으며

또한 악마의 졸개가 되어 끌려다니지도 않는다.

—

마치 바다와 같이 보인다. 이것은 이 홍수바다의 광경을 비유해서 가르
침을 말하고 있다.

12 _ 가투깐니의 물음

525. 가투깐니가 물었다 :
      욕망의 대군을 격파한
      영웅이 있다는 말을 듣고
      나는 이곳에 왔습니다.
      저 거센 격류를 이미 건너간 이여,
      어떻게 하면 욕망을 뛰어넘을 수 있는지
      그것을 묻고자 여기 왔습니다.
      평화의 경지(니르바나)를 말씀해 주십시오.
      지혜의 눈을 가지고 태어나신 분이여,
      모든 것을 남김없이 말씀해 주십시오.

526. 스승 :
      가투깐니여, 쾌락에 대하여 지나친 탐욕을 피하라.
      놓아 버리는 것 속에 진정한 행복이 있음을 알아라.
      취해야 할 것도, 버려야 할 것도, 그 어떤 것도
      그대의 가슴 속에 더 이상 머물게 하지 말라.

527. 과거를 지워 버려라.
   미래에 대한 기대도 하지 말라.
   그리고 지금 현재의 어떤 것에도
   집착하지 않는다면
   그대는 조용하게 길을 가는 자가 될 것이다.

13 _ 바드라부다의 물음

528. 바드라부다가 물었다:
   당신의 가르침을 듣고자
   여러 지방에서 많은 사람들이
   여기 이렇게 모였습니다.
   저들을 위해서 가르침을 주십시오.
   장중한 이여,
   당신은 모든 것을 통찰하셨습니다.

529. 스승:

바드라부다여,

위로도 아래로도 옆으로도 중간으로도

집착하는 그 마음을 모두 버려라.

이 세상의 어떤 것이라도 거기 집착하게 되면

그로 인하여 그림자처럼 악마는 그를 따를 것이다.

530. 그러므로 수행자는

이를 잘 알고 신중하게 생각해서

이 세상의 어떤 것에도 집착하지 말아야 한다.

죽음의 영역에 머물고 있는 이 세대를

'욕망의 노예'로 간주하라.

14 _ 우다야의 물음

531. 우다야가 물었다:

무지를 부수려면 어떻게 해야 합니까?

영혼의 자유를 얻으려면 또 어찌해야 합니까?

532. 스승:
우다야여, 근심 걱정을, 욕정을 버려라.
게으름 피우지 말고
지나간 일에 대하여 지나치게 후회는 하지 말라.

533. 진리에 대한 통찰과 명상을 통해서
침착한 마음자세와 생각을 순수하게 갖는 것,
이것이 무지를 부수는 길이요,
영혼의 자유를 얻는 길이다.

15 _ 포살라의 물음

534. 포살라가 물었다:
물질과 몸에 대한 탐욕을 모두 버린 사람,
'안으로도 밖으로도

어떠한 것도 존재하지 않는다'고 보는

사람의 지혜에 대하여 묻습니다.

석가족의 성자여,

그런 사람은 어떻게 인도해야 합니까?

535. 스승:

포살라여, 나는 인간의 의식구조를 다 알고 있다.

그런 사람의 존재하는 모습을 다 알고 있다.

그런 사람은 이미 해탈을 얻었다.

그러므로 그는 거기 굳게 서 있는 것이다.

16 _ 모가라쟈의 물음

536. 모가라쟈가 물었다:

어떻게 이 세상을 통찰해야만

죽음이 나를 찾아내지 못하겠습니까?

537. 스승:

모가라쟈여,

이 세상을 덧없이 변해 가는 것으로 보라.

언제나 주의 깊게 '자기'라는 이 관념을 부숴야 한다.

이렇게 꾸준히 가는 사람은

죽음을 능히 초월할 수 있느니

이렇게 이 세상을 보는 사람은

결코 죽음의 손아귀에 잡히지 않는다.

17 _ 핑기야의 물음

538. 핑기야가 물었다:

나는 이미 늙었습니다.

힘은 다하고 생명의 불마저 꺼져 갑니다.

잘 보이지도 잘 들리지도 않습니다.

고타마여, 이 어둠 속에서

내가 그냥 숨을 거두지 않도록 해 주십시오.

태어나고 늙음을 초월하려면
무엇을 어떻게 해야 합니까? 이를 말씀해 주십시오.

539. 스승:
   핑기야여,
   이 육체가 있기 때문에 거기 괴로움이 있다.
   육체가 있기 때문에 거기 병의 고통이 뒤따른다.
   핑기야여, 그러므로 그대는 부지런히
   육체에 대한 집착을 버려야 한다.
   다시는 고뇌에 찬 이 생존 속으로
   들어오지 말아야 한다.

18 _ 물음에 대한 총정리

540. 아지타, 티사메티야, 푼나까, 메타구,
   도따까, 우파시바, 난다, 헤마까, 토데야, 깝빠,
   그리고 현자 가투깐니와 바드라부다,

우다야, 브라만 포살라, 그리고 현자 모가라쟈
요가 수행자 핑기야.

541. 이들은 모두 스승에게 나아갔다.
여러 가지 질문을 하면서
이 최고의 인간에게 다가갔다.

542. 그들의 질문에 대해서
눈뜬 이는 친절하게 답을 줬다.
이 대답을 들은 그들 열여섯 명은
마음속으로 매우 흡족해 했다.

543. 그래서 그들은 눈뜬 분의 곁에서,
지혜가 다이아몬드의 광선처럼 방사하는
그분 곁에서,
진지하게 구도자의 길을 갔다.

숫
타
니
파
타

해
설

1. 숫타니파타는 어떤 경전인가

《숫타니파타》는 가장 오래된 불교경전이다. 아니 부처님의 가르침이 하나의 경전으로 체계화되기 그 이전의 거의 원형에 가까운 부처님의 육성(肉聲)이다. 그러므로 이 《숫타니파타》에는 난해한 불교 전문용어나 철학적인 딱딱한 개념이 전혀 없다. 그 대신 때로는 지리하기조차 할 정도로 순박한 구절이 반복되고 있다.

그러나 이 반복된 구절을 통해서 우리는 저 맑고 청정한 새벽 기운을 느낄 수 있다. 그러므로 《숫타니파타》를 읽을 때는 눈으로만 읽지 말고 가능하면 소리내어 읽어야 한다. 그러면 눈으로 읽는 것보다 몇 배나 더한 감동이 올 것이다.

《숫타니파타》는 《담마파다》(Dhammapada, 法句經)와 쌍벽을 이루고 있는 부처님의 시 모음집(詩集)이다. 그리고 연대적으로 본다면 《담마파다》보다 《숫타니파타》 쪽이 훨씬 앞선다. 《숫타니파타》의 편찬연대는 대략 A.D. 3세기경으로 추정하고 있다.

부처님은 그 자신을 결코 어느 특정한 종교의 교주라고 자처하지 않았다. 다만 그는 자신이 깨달은 진리를 다른 사람들에게도 깨닫도록 해 주기 위하여 그를 부르는 곳이면 어디든지 찾아갔다.

추위(인도의 겨울밤은 상상외로 춥다)를 가릴 옷 한 벌과 밥그릇(바리때) 한 개만을 든 채 길에서 살다가 길에서 사라져 간 이, 그가 바로 저 영원한 구도자의 상징인 부처님이다.

그는 무우수 나무 밑에서 태어나 보리수 나무 밑에서 깨달음을 얻은 다음 그 깨달은 바를 다른 사람들에게 알려주기 위하여 45년 간을 바람처럼 살다가 그의 나이 80세에 사라수 나무 밑에서 조용히 열반(임종)에 들었다.

그런 그의 가르침이, 아니, 길에서 태어나 길에서 살다가 길에서 사라진 이의 말씀이 뒷사람들에 의해서 하나의 묶음으로 모아졌으니 이것이 바로 부처님의 말씀 모음집인 《숫타니파타》인 것이다.

'숫타(Sutta)'는 '말의 묶음(經)'을, 그리고 '니파타(Nipata)'는 '모음(集)'이라는 뜻으로서 이 두 단어가 합하여 '말의 모음집(Sutta-Nipata, 經集)'이 된 것이다.

부처님이 열반에 든 후 그의 제자들은 그의 말을 좀 더 외우기 쉽게 운문시(韻文詩)의 형식으로 간추렸다. 이런 식으로 초기의 불교경전은 문자의 기록이 없이 구전(口傳)에 의해서 입에서 입으로 전해져 갔다. 그러므로 구전 속에는 부처님의 음성 속에 담겨져 있던 영적(靈的)인 파장도 그대로 전해져 갔던 것이다.

그런데 이 구전에 의한 운문시 형식의 전승이 A.D. 3세기경 《숫타니파타》라는 이름으로 한 군데로 모아지게 되었다. 《숫타니파타》의 시구(詩句)들 가운데 비슷한 구절이 많고 반복 글귀가 잦은 것은 구전되어 오던 것이 그대로 문자화되었기 때문이다. 구전의 경우 동일한 구절의 일정한 간격을 둔 반복은 중요한 내용의 강조에 아주 효과가 있었던 것이다. 앞서 말했듯이 가능하면 눈으로 읽지 말고 소리내어 읽으라고 한 것은 다름 아닌《숫타니파타》가 원래 구전이었기 때문이다.

2. 숫타니파타의 구성

《숫타니파타》는 5장 72묶음 1,149편의 시(詩)로 짜여져 있다. 그러나 각 장을 이루고 있는 72개의 묶음들을 보면 내용의 일관성이 전혀 없고 묻는 상대에 따라, 또는 그때그때의 상황과 사정에 알맞게 즉흥적으로 읊어진 시들이 대부분이다. 그래서 다른 여타의 불경들처럼 그 내용에 알맞은 어떤 특정한 제목을 붙이지 않고 그저 막연하게 '말(Sutta)의 모음(Nipata)'이라고 일컫게 된 것이다.

제1. 처음의 장(Uragavagga)

12묶음 221편의 시로 짜여져 있다.

첫째 묶음(1. 뱀이 묵은 허물을 벗어 버리듯)은 17편의 시로 되어 있다.

뱀이 묵은 허물을 벗어 버리듯 수행자는 이 헛된 집착과 욕망에서 벗어나라는 가르침이다.

둘째 묶음(2. 소치는 사람)은 17편의 시로 되어 있다.

소치는 사람 다니야와 부처님의 대화이다.

셋째 묶음(3. 저 광야를 가고 있는 코뿔소의 외뿔처럼)은 41편의 시로 되어 있다.

수행자는 가족적인 집착의 삶과 불필요한 인간관계로부터 멀리 떠나라는 가르침이다.

넷째 묶음(4. 밭가는 사람)은 7편의 시로 되어 있다.

'진정한 농부는 누구인가', 이 문제를 놓고 바라드바쟈와 부처님 사이에 오고간 대화이다.

다섯째 묶음(5. 금속세공인 춘다)은 8편의 시로 되어 있다.

네 종류의 수행자에 대하여 금속세공인 춘다와 부처님 사이에 오고간 대화이다.

여섯째 묶음(6. 파멸)은 25편의 시로 되어 있다.

파멸에 대하여 신(神)과 부처님 사이에 오고간 대화이다.

일곱째 묶음(7. 비천한 사람)은 27편의 시로 되어 있다.

비천한 사람에 대하여 브라만 바라드바쟈와 부처님 사이에 오고간 대화이다.

여덟째 묶음(8. 자비에 대하여)은 10편의 시로 되어 있다.

자비로운 마음과 좋은 생각을 갖게 되면 축복은 도처에 있다는 가르침이다.

아홉째 묶음(9. 눈덮인 산에 사는 야차)은 28편의 시로 되어 있다.

두 명의 야차(귀신)가 부처님을 찾아가서 가르침을 듣고 제자가 된 이야기이다.

열째 묶음(10. 알라바까 이야기)은 12편의 시로 되어 있다.

'이 세상에서 가장 값진 재산은 무엇인가? / 어떤 일을 하면 마음이 편안한가? / 맛 중에 가장 좋은 맛은 무엇인가? / 어떻게 사는 것이 최상의 삶인가?' 야차 알라바까의 이 네 가지 물음에 대한 부처님의 대답이다.

열한째 묶음(11. 승리)은 14편의 시로 되어 있다.

이 육체에 대한 지나친 집착에서 벗어나 저 니르바나(진리)를 향해 나아가라는 가르침이다.

열두째 묶음(12. 성자)은 15편의 시로 되어 있다.

종횡무진으로 얽히는 이 인간관계에서 벗어나 외롭게 진리의 길을 가라는 가르침이다.

제2. 작은 장(Kulavagga)

14묶음 183편의 시로 짜여져 있다.

첫째 묶음(1. 보배)은 17편의 시로 되어 있다.

깨달은 이(佛), 그의 가르침(法), 그리고 그 가르침대로 살아가는 이들(僧), 이 셋을 통해서 구제(구원)가 가능하다는 가르침이다.

둘째 묶음(2. 불결한 음식)은 14편의 시로 되어 있다.

인간을 정화시키는 것은 형식적인 계율이 아니라 생각과 행위의 정화에 있다는 가르침이다.

셋째 묶음(3. 진실한 우정에 대하여)은 5편의 시로 되어 있다. 진실한 우정에 대한 가르침이다.

넷째 묶음(4. 더없는 행복)은 12편의 시로 되어 있다.

최상의 행복에 대한 가르침이다.

다섯째 묶음(5. 수킬로마 야차)은 4편의 시로 되어 있다.

탐욕에 대한 가르침이다.

여섯째 묶음(6. 진리에 맞는 삶)은 10편의 시로 되어 있다.

수행자의 삶에 대한 가르침이다.

일곱째 묶음(7. 진정한 수행자)은 32편의 시로 되어 있다.

부(富)와 권력 때문에 진정한 수행자들이 어떻게 타락하게 되었는가에 대한 이야기이다.

여덟째 묶음(8. 나룻배)은 8편의 시로 되어 있다.

진정한 스승에 대한 가르침이다.

아홉째 묶음(9. 최상의 목적)은 7편의 시로 되어 있다.

최고의 목표에 이르려면 어찌해야 되는가에 대한 가르침이다.

열째 묶음(10. 부지런히 노력하라)은 4편의 시로 되어 있다.

수행자는 결코 게으르거나 무기력해서는 안 된다는 충고이다.

열한째 묶음(11. 라훌라여, 듣거라)은 8편의 시로 되어 있다.

당신의 아들 라훌라에게 주는 부처님의 가르침이다.

열두째 묶음(12. 수행자 반기사)은 16편의 시로 되어 있다.
'이 육체가 죽으면 그것으로 모든 것이 끝인가. 아니면
다시 또 어떤 것이 남아 있는가'에 대한 가르침이다.

열셋째 묶음(13. 구도자의 길)은 17편의 시로 되어 있다.
구도자의 길에 대한 가르침이다.

열넷째 묶음(14. 제자 담미까의 물음)은 29편의 시로 되어
있다. 구도자의 삶과 이 세상의 삶에 대한 가르침이다.

제3. 큰 장(Mahavagga)

12묶음 361편의 시로 짜여 져 있다.

첫째 묶음(1. 집을 버리다)은 20편의 시로 되어 있다.
빔비사라 왕과 부처님의 대화이다.

둘째 묶음(2. 최선을 다하라)은 25편의 시로 되어 있다.
마라(악마)의 유혹을 물리친 부처님의 고행담(苦行譚)
이다.

셋째 묶음(3. 말을 잘 하는 비결)은 5편의 시로 되어 있다.
말을 지혜롭게 하는 방법에 대한 가르침이다.

넷째 묶음(4. 불을 섬기는 사람 순다리까)은 32편의 시로

되어 있다.

불을 섬기는 사람 순다리까와 부처님과의 대화이다.

다섯째 묶음(5. 젊은 마가의 물음)은 23편의 시로 되어 있다. 자선사업가인 마가의 물음에 대한 부처님의 대답이다.

여섯째 묶음(6. 방랑하는 구도자 사비야)은 38편의 시로 되어 있다. 방랑하는 구도자 사비야의 물음에 대한 부처님의 대답이다.

일곱째 묶음(7. 브라만 셀라 이야기)은 26편의 시로 되어 있다. 브라만 셀라와 부처님이 만난 이야기이다.

여덟째 묶음(8. 화살)은 20편의 시로 되어 있다.

인생은 짧고 이 세상은 덧없지만 그러나 진리를 찾아가는 이에게는 축복이 있다는 가르침이다.

아홉째 묶음(9. 젊은이 바세타)은 63편의 시로 되어 있다. '진정한 브라만이란 누구인가'에 대한 가르침이다.

열째 묶음(10. 비난하는 사람 꼬깔리야)은 22편의 시로 되어 있다. 남을 이유 없이 비난하는 자의 말로에 대한 가르침이다.

열한째 묶음(11. 홀로가는 수행자 날라까)은 45편의 시로 되어 있다. 예언자 아지타의 조카인 날라까에게 주는 부처님의 가르침이다.

열두째 묶음(12. 두 가지 고찰)은 42편의 시로 되어 있다. 이 세상의 모든 고통과 고뇌는 우빠디(물질)로부터 비롯된다는 가르침이다.

제4. 시(詩)의 장(Atthakavagga)

16묶음 210편의 시로 짜여져 있다.

첫째 묶음(1. 욕망)은 6편의 시로 되어 있다. 너무 감각적인 기쁨에만 매달리지 말라는 가르침이다.

둘째 묶음(2. 동굴)은 8편의 시로 되어 있다. 육체에 대한 지나친 집착을 버리라는 가르침이다.

셋째 묶음(3. 악의)은 8편의 시로 되어 있다. 구도자는 칭찬과 비난에 무관심하라는 가르침이다.

넷째 묶음(4. 청정)은 8편의 시로 되어 있다. 어떠한 주의 주장이나 관념에도 붙잡히지 말라는 가르침이다.

다섯째 묶음(5. 최상)은 8편의 시로 되어 있다. 수행자는 절대로 말싸움(논쟁)에 끼어들지 말라는 가르침이다.

여섯째 묶음(6. 늙음)은 10편의 시로 되어 있다. 수행자는 자기 자신을 통해서 스스로를 정화시키며 집 없이 살아가야 된다는 가르침이다.

일곱째 묶음(7. 구도자 티사메타야)은 10편의 시로 되어 있다. 독신 수행자는 방사(房事: 성행위)를 멀리하라는 가르침이다.

여덟째 묶음(8. 파수라)은 11편의 시로 되어 있다. 그 어떤 말싸움(논쟁)을 통해서도 우리는 우리 자신을 정화시킬 수 없다. 그러므로 말싸움에서 떠나 묵묵히 니르바나(진리)의 길을 가야 한다는 가르침이다.

아홉째 묶음(9. 마간디야)은 13편의 시로 되어 있다.

마간디야는 그의 딸을 부처님의 아내로 삼아달라고 데리고 왔으나 부처님은 이 청을 받아들이지 않았다. 그 대신 이것이 계기가 되어 두 사람 사이에 진지한 대화가 오고갔다.

열째 묶음(10. 죽음이 오기 전에)은 14편의 시로 되어 있다.

현자(깨달은 이)란 누구인가? 이에 대한 가르침이다.

열한째 묶음(11. 투쟁)은 16편의 시로 되어 있다. 투쟁과 말싸움의 발단에 대한 가르침이다.

열두째 묶음(12. 문답, 그 첫째)은 17편의 시로 되어 있다. 말싸움을 일삼고 있는 철학자들에 관한 언급이다.

열셋째 묶음(13. 문답, 그 둘째)은 20편의 시로 되어 있다. 논쟁과 철학을 통해서는 결코 깨달음에 이를 수 없다는 가르침이다.

열넷째 묶음(14. 빠름)은 20편의 시로 되어 있다. 수행자가 해야 할 것과 삼가야 할 것에 대한 가르침이다.

열다섯째 묶음(15. 무기에 대하여)은 20편의 시로 되어 있다. 깨달은 이에 대한 언급이다.

열여섯째 묶음(16. 사리불)은 21편의 시로 되어 있다. 제자 사리불의 물음에 대한 부처님의 대답이다.

제5. 피안(彼岸)의 장(Parayanavagga)

18묶음 174편의 시로 짜여져 있다.

첫째 묶음(1. 서시)은 56편의 시로 되어 있다. 브라만 바바리가 그의 제자 16명을 부처님께 보내어 '머리가 일곱 조각으로 부서지는 것'에 대하여 묻게 했다는 이야기이다.

둘째 묶음(2. 아지타의 물음)은 8편의 시로 되어 있다.
아지타의 물음에 대한 부처님의 대답이다.

셋째 묶음(3. 티사메티야의 물음)은 3편의 시로 되어 있다.
티사메티야의 물음에 대한 부처님의 대답이다

넷째 묶음(4. 푼나까의 물음)은 6편의 시로 되어 있다.
푼나까의 물음에 대한 부처님의 대답이다.

다섯째 묶음(5. 메타구의 물음)은 12편의 시로 되어 있다.
메타구의 물음에 대한 부처님의 대답이다.

여섯째 묶음(6. 도따까의 물음)은 8편의 시로 되어 있다.
도따까의 물음에 대한 부처님의 대답이다.

일곱째 묶음(7. 우파시바의 물음)은 8편의 시로 되어 있다.
우파시바의 물음에 대한 부처님의 대답이다.

여덟째 묶음(8. 난다의 물음)은 7편의 시로 되어 있다.
난다의 물음에 대한 부처님의 대답이다.

아홉째 묶음(9. 헤마까의 물음)은 4편의 시로 되어 있다.
헤마까의 물음에 대한 부처님의 대답이다.

열째 묶음(10. 토데야의 물음)은 4편의 시로 되어 있다. 토데야의 물음에 대한 부처님의 대답이다.

열한째 묶음(11. 깝빠의 물음)은 4편의 시로 되어 있다. 깝빠의 물음에 대한 부처님의 대답이다.

열두째 묶음(12. 가투깐니의 물음)은 5편의 시로 되어 있다. 가투깐니의 물음에 대한 부처님의 대답이다.

열셋째 묶음(13. 바드라부다의 물음)은 4편의 시로 되어 있다. 바드라부다의 물음에 대한 부처님의 대답이다.

열넷째 묶음(14. 우다야의 물음)은 7편의 시로 되어 있다. 우다야의 물음에 대한 부처님의 대답이다.

열다섯째 묶음(15. 포살라의 물음)은 4편의 시로 되어 있다. 포살라의 물음에 대한 부처님의 대답이다.

열여섯째 묶음(16. 모가라쟈의 물음)은 4편의 시로 되어 있다. 모가라쟈의 물음에 대한 부처님의 대답이다.

열일곱째 묶음(17. 핑기야의 물음)은 4편의 시로 되어 있다. 늙은 핑기야의 물음에 대한 부처님의 대답이다.

열여덟째 묶음(18. 물음에 대한 총정리)은 26편의 시로 되어 있다.

열여섯 명의 물음에 대한 경전 기록자의 언급과 선생
바바리와 핑기야의 대화이다.

3. 텍스트와 번역

《숫타니파타》는 그 전체가 한역(漢譯)된 적은 없고 다
만 '제4. 시의 장(Atthakavagga)'만이 오(吳)나라 초기(A.D.
223~253 사이) 지겸(支謙)에 의해서 《불설의족경(佛說義足
經)》이라는 이름으로 한역되었을 뿐이다.

최초의 영역(英譯)은 1874년 무투 꾸마라 스와미(Sir
Muttu Coomara Swamy)에 의해서였다. 그러나 이는 전역(全
譯)이 아니라 72묶음(72 Sutta) 가운데 30묶음(30 Sutta)만
을 뽑아서 번역한 부분역(部分譯)이다. 그 뒤 1880년 파우
스 뵐(V. Fausböll)이 최초로 그 전역(全譯)을 산문체 영역
(英譯)으로 시도했다. 그리고 그 후 1932년 로버트 찰머스
(Robert Chalmers)와 1945년 하레(E. M. Hare)에 의해서 시
문체(詩文體)의 번역이 시도되었다.

이 밖에도 다수의 영역본과 독역본(獨譯本)이 있다. 그

리고 일찍이 일본의 학자들이 번역한 일역본(日譯本)도 다수가 있다. 최초의 일역본은 1917년 다치하나 쥰도우(立花俊道)에 의해 출간되었으며, 1939년 미즈노 고갱(水野弘元)이 본격적인 일역을 시도하였다. 그리고 1958년 나카무라 하지메(中村元) 박사에 의해서 야심에 찬 일역이 시도되었다.

그 후 25년이 지난 1983년 나카무라 박사는 다시 광범위한 주석을 덧붙이고 본문의 번역을 대폭 손질하여 개정 증보판을 출간했다. 이밖에도 몇 개의 일역본(日譯本)이 더 있다.

우리나라에는 운학 역(雲學 譯, 1980, 汎友社)과 법정 역(法頂 譯, 1974, 正音文庫)이 있는데 모두 나카무라(中村元) 박사의 일역본을 근거로 한 것이다.

이 번역서들 가운데 세계적으로 가장 널리 통용되고 있는 것은 T.S.본(The Sutta-nipata. Editied by V. Fausböll. xx, 209. London, for Pali Text Society by Oxford University Press, 1881)이다.

필자는 우리말이 가지고 있는 소리의 울림과 언어의

빛깔을 최대한 살려내려고 했다. 그래서 지나친 직역은 지양하고 그 의미가 크게 변색되지 않는 범위 안에서 되도록이면 쉽고 간결하게 옮겨오려고 노력했다. 그러나 필자의 이 번역도 결코 완벽하다고는 볼 수 없다. 왜냐하면 필자의 능력에도 한계가 있기 때문이다.

그리고 여기 이 책에서는 반복되는 구절들을 좀 간추렸다. 그러나 내용 파악에 아무런 지장은 없다.

《숫타니파타》를 번역한 지 23년이 됐다. 전문(全文)을 정독하면서 뜻이 애매한 곳은 분명하게 바로잡았다. 그리고 덧붙여진 글자(衍字)는 빼고 빠진 글자(脫字)는 넣었다. 특히 역주(譯註) 부분에서 손을 본 곳이 많다.

2016년 11월 1일 밤 10시
나도산 아래 반산초당(半山草堂)에서
석지현

역자 소개_ **석지현(釋智賢)**

1969년 중앙일보 신춘문예에 시로 당선됐다. 1973년 동국대학교 불교학과를 졸업했다. 이후 인도, 네팔, 티베트, 미국, 이스라엘 등지를 수년간 방랑했다. 편·저·역서로는 《禪詩》, 《바가바드 기따》, 《우파니샤드》, 《반야심경》, 《숫타니파타》, 《법구경》, 《불교를 찾아서》, 《선으로 가는 길》, 《벽암록》(전5권), 《왕초보 불교 박사 되다》, 《제일로 아파하는 마음에-관음경 강의》, 《행복한 마음 휴식》, 《종용록》(전5권) 등 다수가 있다.

숫타니파타

초판 1쇄 발행 | 2016년 12월 30일　초판 8쇄 발행 | 2024년 8월 30일

옮긴이 | 석지현

펴낸이 | 윤재승　펴낸곳 | 민족사

주간 | 사기순　기획편집팀 | 정영주　기획홍보팀 | 윤효진　영업관리팀 | 김세정

출판등록 | 1980년 5월 9일 제1-149호
주소 | 서울 종로구 삼봉로 81 두산위브파빌리온 1131호
전화 | 02)732-2403, 2404　팩스 | 02)739-7565
홈페이지 | www.minjoksa.org
페이스북 | www.facebook.com/minjoksa
이메일 | minjoksabook@naver.com

ⓒ 석지현, 2016

ISBN 978-89-98742-79-9 (04220)